LA PARENTALITÉ :
UNE AFFAIRE D'ÉTAT ?

Collection **Logiques Sociales**
*fondée par Dominique Desjeux
et dirigée par Bruno Péquignot*

Déjà parus

Emmanuel AMOUGOU, *Un village nègre sous le froid : la construction de l'inconscient colonial en Alsace*, 2002.
Gabriel GOSSELIN, *Sociologie interprétative et autres essais*, 2002.
Marco PITZALIS, *Réformes et continuités dans l'université italienne*, 2002.
Didier SCHWINT, *Le savoir artisan*, 2002.
Denis HARRISSON, *La construction du partenariat patronal-syndical : contraintes du marché et négociation locales*, 2002.
ZHENG Lihua et Dominique DESJEUX, *Entreprises et vie quotidienne en Chine*, 2002.
Nicole ROUX, *Sociologie du monde politique d'ouvriers de l'Ouest*, 2002.
Sandrine GAYMARD, *La négociation culturelle chez les filles franco-maghrébines – une étude de représentation sociale*, 2002.
Pierre V. ZIMA, *L'ambivalence romanesque : Proust, Kafka, Musil*, 2002.
Isabelle GARABUAU-MOUSSAOUI, *Cuisine et indépendances, jeunesse et alimentation*, 2002.
Ana VELASCO ARRANZ, *Les contradictions de la modernisation en agriculture*, 2002.
Michèle SAINT-JEAN, *Le bilan de compétences*, 2002.
Michel VANDENBERGHE, *Les médecins inspecteurs de santé publique.Aux frontières des soins et des politiques*, 2002.
H.Y. MEYNAUD et X. MARC, *Entreprise et société: dialogues de chercheur(e)s à EDF*, 2002.
E. RAMOS, *Rester enfant, devenir adulte*, 2002.
R. LE SAOUT et J-P. SAULNIER, *L'encadrement intermédiaire : les contraintes d'une position ambivalente*, 2002.
Jean HARTLEYB, *Pour une sociologie du nazisme*, 2002.
F. JAUREGUIBERRY et S. PROULX, *internet, nouvel espace citoyen ?*, 2002.
Benoît RAVELEAU (sous la direction de), *L'individu au travail*, 2002.
Alphonse d'HOUTAUD, *A la recherche de l'image sociale de la santé*, 2003.
Bernard DIMET, *Informatique : son introduction dans l'enseignement obligatoire. 1980-1997*, 2003.
Claude DURAND et Alain PICHON (sous la dir. de), *La puissance des normes*, 2003.

Michel BUGHIN
Colette LAMARCHE
Pascale LEFRANC

LA PARENTALITÉ :
UNE AFFAIRE D'ÉTAT ?

L'Harmattan	**L'Harmattan Hongrie**	**L'Harmattan Italia**
5-7, rue de l'École-Polytechnique	Hargita u. 3	Via Bava, 37
75005 Paris	1026 Budapest	10214 Torino
FRANCE	HONGRIE	ITALIE

© L'Harmattan, 2003
ISBN : 2-7475-5071-0

Nous remercions chaleureusement :

Les jeunes et les parents qui ont accepté de répondre aux questionnaires,

Les professionnels qui ont été interviewés,

Toutes les personnes qui, quelles que soient leurs responsabilités, ont favorisé la récolte des données,

Les étudiants qui ont réalisé les entretiens et ceux qui ont collaboré à la saisie informatique,

Les membres du groupe technique du CLSPD de la ville de Lille, et tout particulièrement : Didier Baelde, Christelle Dupisre, Geneviève Filly, Yves Garbarini, Slimane Kadri et Pascale Roperch,

Les initiateurs du projet pour la ville de Lille : Jean Pierre Leroy et Norbert Richert, et leurs successeurs : Brigitte Merlin et Philippe Vandenberghe,

Sans oublier Annick Jouglet, qui a accompagné tous les travaux du groupe technique.

En guise d'introduction ...

La parentalité est devenue, en quelques années, un thème « à la mode ». Evoqué au début des années 90 dans des travaux portant sur la place des parents dans les institutions spécialisées[1], il n'a cessé de prendre de l'ampleur, repris par les champs pédagogique, psychologique, sociologique ou juridique, relayés par le politique des années 90 qui a voulu favoriser les actions en faveur de la parentalité, suite à la création [2] puis aux préconisations[3] de la Délégation Interministérielle à la Famille.

Le succès de ce terme peut être vu comme un signe de l'évolution de la réalité et des représentations de la famille. En effet, il marque la reconnaissance de modèles familiaux différents et des multiples formes que peut prendre le fait d'être parent. Les nombreux préfixes accolés au terme (mono-parentalité, co-parentalité, homo-parentalité) soulignent autant ce qui rassemble que ce qui distingue. En ce sens, la notion de parentalité nous éloigne des jugements moraux et stigmatisants en reconnaissant l'ensemble des fonctions dévolues aux parents, en privilégiant une lecture dynamique (« on ne naît pas parent, on le devient »), et en mettant sur le même plan les différentes manière d'être parent.

---

[1] David. (M.), Le placement familial, Paris, ESF, 1989.
[2] Le 28 juillet 1998.
[3] Voir en annexe la circulaire du 9 mars 1999 relative aux réseaux d'écoute, d'appui et d'accompagnement des parents (REAAP).

Il convient de ne pas oublier, cependant, que le terme parentalité témoigne aussi d'une dénonciation du rôle de certains parents, d'un soupçon systématique sur leur capacité à s'acquitter de leur rôle et qu'il inclut une volonté de contrôle, les familles étant de plus en plus destinataires de mesures sociales, judiciaires et éducatives. Se pencher sur la parentalité, c'est « chercher à repérer ce qui ne va pas »[1]. Comme ont pu le dénoncer certains parents[2], « *on est parents quand ça ne va pas bien. Quand l'école, par exemple, s'intéresse à nous, ça n'est jamais bon signe* ».

Les parents sont de plus en plus soumis à une certaine dépendance vis à vis des experts de l'enfance et de l'éducation qui tendent à professionnaliser le « métier » de parent et à qualifier ou disqualifier leurs compétences. En ce sens, la mise en lumière de la « parentalité » n'est pas exempte de l'idée de modèle : il y aurait une bonne et des mauvaises manières d'être parent. A ce propos, on ne peut manquer de s'interroger sur l'idéologie qui préside à certaines formes d'éducation à la parentalité qui fleurissent dans nombre d'associations sous la houlette de bénévoles ou professionnels de bonne volonté. Avec quels conseils, quelles recettes, quelles injonctions les parents vont-ils rentrer chez eux ? Quelle conception de la famille va présider ? Quelle prise en compte des conditions objectives d'existence va être faite ? Quelle idéologie va être privilégiée ? Si l'échange et la rencontre peuvent favoriser déculpabilisation et enrichissement, et apaiser ou (re) dynamiser les relations entre parents et enfants, il

---

[1] On a parfois disséqué le terme de parentalité en « parent alité » et donc « parent malade ».
[2] Propos rapportés par un membre du groupe de réflexion sur la parentalité de la ville de Lille.

convient de se méfier des systèmes d'explication tout faits et des conceptions clé en main.

On le voit, même s'il est à considérer dans ce qu'il a de positif, l'intérêt pour la parentalité n'est pas dénué d'ambiguïté.

La volonté du Conseil Communal de Prévention de la Délinquance [1] de la ville de Lille de se pencher sur cette question témoigne à la fois de l'orientation des actions en faveur de la parentalité, du foisonnement des questions sur la responsabilité parentale et de l'état du débat public, sachant qu'au début de l'année 2000, les discours sur la démission des parents, sur les défaillances parentales, donnaient à bon compte les explications souhaitées à ce que d'aucuns appelaient « l'explosion » de la délinquance juvénile.

Cette entrée faisait courir le risque d'orienter, a priori, le débat, et c'est bien en tenant compte de l'ensemble de ces données que la réflexion s'est engagée.

Les actions en direction des parents se multipliant, il nous a semblé judicieux de nous interroger sur les orientations prises, sur les choix opérés, sur le sens et l'intérêt des pratiques engagées à propos de la parentalité.

Cependant, les élections présidentielles de 2002 ont marqué la montée en puissance des discours sur l'insécurité, inscrivant la délinquance juvénile au premier plan des thèmes politiques et sociaux de notre époque. Orchestrée par les media, bouleversant la polarisation

---

[1] Créé par décret du 8 Juin 1983, le CCPD est supprimé et remplacé par un Conseil Local de Sécurité et de Prévention de la Délinquance suite au décret du 17 Juillet 2002 relatif aux dispositifs territoriaux de sécurité et de coopération pour la prévention et la lutte contre la délinquance.

droite - gauche, la campagne a été l'occasion pour la quasi-totalité des partis d'affirmer une « montée inquiétante » de la violence et de proposer, en réponse, le déploiement d'une panoplie sécuritaire en affichant une volonté d' « impunité zéro ». Une partie de la jeunesse, en particulier celle habitant les banlieues, issue de l'immigration, s'est vue alors stigmatisée, désignée comme responsable de l'insécurité. Dans le même temps, les parents, soupçonnés de complicité ou de laxisme, sont devenus la première cible à toucher pour enrayer le « malaise social ». Aujourd'hui, après les propositions d'amendes lourdes pour absentéisme scolaire, on vise à punir les parents pour des fautes commises par les enfants, même majeurs [1].

La période électorale et celle qui lui a directement succédé, marquée par le changement de majorité, méritent qu'on s'y arrête dans la mesure où elles symbolisent le passage vers une politique sécuritaire et une réactivation des discours moraux sur la famille. Certes, ces discours ne sont pas nouveaux. Depuis le XIXe siècle, les familles ouvrières [2], les familles d'origine étrangère [3], les familles connaissant des situations de précarité ont été, à périodes régulières, perçues comme responsables des « troubles

---

[1] En octobre 2002, la mairie de Vienne menace de résilier le bail de cinq familles dont les enfants ont été condamnés pour violences contre des policiers.
[2] Elles ont été la première cible de l'action sociale. A ce propos, voir le livre : Verdes-Leroux. (J.), Le travail social, Paris, Editions de minuit, 1978.
[3] Depuis longtemps, dans un certain nombre de discours, l'immigration est synonyme de désordre. A la fin du XIXe siècle, le maire de Lille en parlait en termes évocateurs : « Les populations flamandes mâtinées d'espagnols sont cosmopolites autant que malpropres, et leur ignorance bien connue explique leur résistance à toute tentative civilisatrice » (Propos tiré de : « Les courettes de Lille », Le grand hebdomadaire illustré, 1924).

publics », des « désordres » ou du « relâchement des mœurs ». Plus près de nous, vers la fin des années 70, en « réponse à la violence » [1], s'est développée une politique sécuritaire [2] et on a assisté à une volonté de ficher et de canaliser les familles que certains étiquetaient comme « à risque »[3]. Mais les réactions ne se sont pas faites attendre dans les milieux militants, et la stigmatisation des familles populaires a été dénoncée et mise à mal dans le contexte de l'arrivée de la gauche au pouvoir.

Ce qui paraît marquant, par contre, dans les toutes dernières décennies, c'est le silence dans lequel ont pu se développer des idées qui, jusque-là, témoignaient d'un clivage net.

Dans les milieux politiques, se sont multipliés, à droite comme à gauche, les propos moralisateurs sur « les parents coupables », de même que des mesures visant à pénaliser la misère [4]. Quelques experts et chercheurs [5] n'ont pas manqué de s'en préoccuper, mais ils n'ont rencontré que peu d'écho. Quant à la volonté politique de « déculpabiliser les parents » et de les soutenir dans l'accomplissement de leurs fonctions, repérable, jusqu'avant le printemps 2002, dans les rapports au gouvernement et dans les directives ministérielles, elle cohabitait alors difficilement avec le consensus qui s'était instauré. Aujourd'hui, c'est aussi bien à droite qu'à gauche que se pensent des actions pour écarter les familles populaires des quartiers qui le sont moins, pour mettre au

---

[1] Pour reprendre le titre du rapport du comité d'études sur la violence, la criminalité et la délinquance présidé par A Peyrefitte.
[2] Cf la loi dite « sécurité liberté » du 2 février 1981.
[3] Les projets ODASS et GAMIN visaient à repérer et à ficher les familles susceptibles de rencontrer des difficultés dans l'éducation de leurs enfants.
[4] On pense notamment aux arrêts anti-mendicité.
[5] Par exemple Paul Durning ou Laurent Mucchielli, pour ne citer que ceux-là.

pain sec et au lait des enfants dont les parents n'ont pas pu payer la cantine, pour se débarrasser des « familles indésirables »[1]. Les critiques adressées aux parents ne se limitent pas toujours à certains milieux sociaux et les parents qui « en font trop » sont parfois aussi décriés que ceux qui « n'en font pas assez »[2]. Mais d'une manière générale, les « jeunes qui posent problème » de même que leurs parents sont socialement identifiés avant même qu'un acte ne soit commis, le soupçon ne pouvant porter légitimement que sur eux.

Un lien ayant été tissé entre violence et familles, nous nous interrogerons sur les raisons qui pourraient expliquer la mise en cause des familles. Mais auparavant, il convient de se demander ce qu'il en est de la « violence » dont on parle aujourd'hui.

A ce propos, il apparaît nécessaire de se pencher sur les termes employés, et qui englobent sous une même appellation des phénomènes qui n'ont rien à voir les uns avec les autres.

La violence est, on s'en doute, difficile à appréhender simplement. Il s'agit d'un phénomène éclaté, touchant aussi bien la vie privée que la vie publique. On la sait mouvante car elle désigne, selon les lieux, les époques et les circonstances, des réalités différentes. Elle change de visage avec celui qui parle et sa réalité « flotte selon ce que l'on perçoit , veut percevoir, ou peut percevoir comme telle »[3].

---

[1] Ce terme, nous l'empruntons à la droite des années 95.
[2] Ces propos s'entendent en particulier dans la bouche des enseignants qui voient peut-être dans l'insistance de certains parents à savoir ce qui se passe à l'école une menace pour leur autonomie.
[3] Michaud. (Y.), <u>Violence et politique</u>, Paris, Gallimard, 1978, p.12.

Bertold Brecht illustre cette idée à sa façon : « Il y a bien des façons de tuer. On peut planter un couteau dans le ventre de quelqu'un, lui retirer le pain, ne pas le soigner s'il est malade, le confiner dans un taudis, le tuer à force de travail, le pousser au suicide, l'emmener faire la guerre, etc. Il est peu de choses dans tout cela que notre Etat interdise »[1].

Tentant une définition, Y. Michaud explique : « Il y a violence quand, dans une situation d'interaction, un ou plusieurs acteurs agissent de manière directe ou indirecte, massée ou distribuée, en portant atteinte à un ou à plusieurs autres à des degrés variables, soit dans leur intégrité morale, soit dans leurs possessions, soit dans leurs participations symboliques et culturelles »[2].
Le terme de violence désigne donc des manifestations multiples, qu'elles soient privées ou collectives, criminelles ou non. Ainsi, les suicides font partie de la violence au même titre que les coups et blessures volontaires ou que les accidents. La violence des citoyens est à considérer tout comme la violence de l'Etat ou la violence industrielle.

Mais lorsque les media ou les politiques nous parlent de violence, ils ne sont pas sur le même registre. Les violences sont « urbaines » ou « scolaires » et elles sont le fait des jeunes. Il s'agit donc là d'une vision partielle et partiale.
A travers les désignations de « violences urbaines » ou encore de « violences scolaires », on range pêle mêle les agressions, les marques d'irrespect envers les adultes, les rassemblements ou encore les regards jugés inquiétants.

---

[1] Brecht. (B.), <u>Me-ti, le livre des retournements</u>.
[2] Michaud. (Y), <u>La violence</u>, Paris, Presses Universitaires de France, Coll. Que sais-je ?, 1986, p. 8.

Dans la comptabilité qui est tenue, les insultes sont mises sur le même plan que les meurtres ou les viols. S'il ne s'agit pas ici de minimiser quelque acte que ce soit, il convient d'être sensible aux effets possibles des amalgames, surtout lorsqu'il s'agit d'en tirer des conclusions sur l'état de la société.

Dans les statistiques de police dont le traitement débouche sur les gros titres de la presse annonçant tantôt une montée, tantôt une baisse de « la délinquance », cohabitent, sur le même plan, les homicides, les délits de pêche et de chasse, les dégradations, les vols avec violences ou les chèques sans provision. Que le recensement des différents actes délictueux soit intéressant, nous n'en doutons pas. Mais il convient de ne pas le confondre avec le reflet de l'état de la délinquance juvénile alors qu'il regroupe des actes très disparates et qu'il témoigne surtout de l'activité policière.

La plupart des discours sur la violence, qu'ils soient le fait de politiques ou de journalistes, effectuent un tri permettant de ne retenir que certains comportements, oubliant ou masquant les autres : les vols, la consommation et le trafic de drogue, les agressions,... sont toujours à la une. Mais qu'en est-il, par exemple, des violences conjugales qui sont systématiquement tues. Ne participent-elles pas de l'insécurité ? Qu'une femme sur dix en France soit violentée, voilà un fait sur lequel le débat public n'aurait pas à se pencher ! L'insécurité est ailleurs. Elle ne peut être que dans la rue, et être le fait de certaines personnes bien repérées.

De plus, la mise en avant du terme d'« incivilités » a permis d'élargir le champ de l'intervention pénale, d'autant qu'il est apparu dans un contexte où la « tolérance zéro » est à l'honneur. Par ce terme, il s'agit de désigner les « actes et conduites visibles dans les espaces ouverts au public, perçus comme des nuisances ou des désagréments par une fraction de la population, mais qui ne font pas en général l'objet de poursuites bien qu'ils constituent dans la plupart des cas des infractions au sens du droit pénal. Dans cet ensemble hétéroclite, on peut distinguer d'un côté les dégradations, tags, lacérations, bris de boites à lettres, bruits intempestifs et, de l'autre, des comportements comme les marques d'impolitesse ou d'insolence (insultes), l'occupation de halls d'immeubles, divers manquements à des règlements intérieurs d'établissements ouverts au public. (…) Les incivilités désignent moins une réalité sortant du champ des conduites incriminables qu'un ensemble de conduites qui sont la plupart du temps le fait des jeunes et qu'on ne juge pas ou pas assez incriminés »[1].

Bien que relativement ancien [2], le terme d'incivilité a fait son entrée en masse dans la presse à partir de 1996 [3], devenant très vite synonyme de petite délinquance alors que les désordres qu'il désigne revêtent des aspects variés.

Ainsi, le flou des termes utilisés, leur variété, de même que la facilité avec laquelle on met en avant ou on masque des faits ou des comportements, contribuent à biaiser le débat et à fabriquer largement « la réalité » dont on parle. Il convient donc de ne pas tirer de conclusions hâtives à partir de phénomènes qui ne sont pas clairement

---

[1] Lagrange. (H.), « Les délinquances des jeunes », dans <u>Crime et insécurité. L'état des savoirs</u>, Paris, Editions La découverte, 2002, p. 159.
[2] On repère son utilisation à partir du XVIIe siècle.
[3] Une étude a permis de recenser l'utilisation du terme dans les articles du Monde et de l'Agence France Presse :
Damon. (J.), « Figures et territoires de la violence. Incivilités et insécurité », <u>Les Cahiers Français</u>, n° 308 : Etat, société et délinquance, Mai-Juin 2002, pp. 37-42.

explicités, de ne pas se fier outre mesure à des statistiques qui ne rendent que très imparfaitement compte des comportements délinquants, ni de conclure à une augmentation de certains faits quand ce sont les procédures d'enregistrements qui expliquent surtout leur arrivée massive.

Dans un article concernant « le traitement médiatique de la sécurité », Eric Macé évoque différentes manières de « penser » l'insécurité. « Pour certains, l'insécurité est un problème de maintien de l'ordre social et il faut remettre dans le droit chemin les « déviants » producteurs de *désordre* (représentation républicaine classique d'une société intégrée). Pour d'autres, l'insécurité n'est pas liée à un défaut d'intégration sociale, mais à la présence de « groupes à risques » dont les « valeurs » et les intérêts délinquants constitueraient une *menace* directe sur l'ensemble des relations sociales (représentation ultra libérale d'une société ségrégationniste). Pour d'autres, enfin, l'insécurité est le produit d'un système de relations où les violences visibles et les prédations des dominés sont indissociables des violences invisibles de rapports sociaux asymétriques et de conflits (exclusion scolaire et économique, relégation urbaine, disqualification symbolique), de sorte que l'insécurité est une *coproduction* entre tous les acteurs, y compris de la part des institutions et d'organisations qui se pensent comme une partie de la solution alors qu'elles sont souvent aussi une partie du problème »[1].

La plupart des discours publics actuels entrent dans la deuxième catégorie. A partir de procédures contestables de

---

[1] Macé.(E.), « Le traitement médiatique de la sécurité », dans Crime et sécurité, l'état des savoirs. Paris, Editions La Découverte, 2002, pp. 33-34.

repérage, ils contribuent en grande partie à confectionner un phénomène et à cibler un public. On peut parfois se demander qui du public ou du phénomène doit être canalisé, tant l'un et l'autre semblent être amalgamés. Actuellement, les « jeunes des quartiers »[1] sont décrits et perçus comme des jeunes dangereux, tout comme, en son temps, Balzac décrivait les classes laborieuses comme des classes dangereuses [2].

C'est donc dans ce contexte que ce travail a pris forme, souhaitant faire un « état des lieux » des façons de voir et des pratiques, afin de questionner les représentations et les valeurs sous-jacentes et d'envisager des perspectives.

---

[1] Cette expression est intéressante à relever dans le sens où, malgré le flou qui la caractérise, personne ne s'y trompe.
[2] Chevalier. (L.), <u>Classes laborieuses et classes dangereuses</u>, Paris, Le livre de poche, 1978, pp. 146-150.

Première partie

Le dispositif de recherche

I - Le groupe technique

La recherche présentée ici est le résultat d'une collaboration entre l'IUT B de l'Université de Lille 3 et la ville de Lille, et plus particulièrement son Conseil Communal de Prévention de la Délinquance [1].
Interpellés par le nombre de dossiers déposés dans le cadre du Contrat d'Actions de Prévention portant sur la parentalité, les responsables du CCPD ont jugé opportun d'ouvrir une réflexion impliquant des personnes engagées dans l'action et désireuses de réfléchir sur leurs pratiques, ainsi que des chercheurs.
Loin de vouloir organiser un débat entre spécialistes, il s'agissait dans un premier temps de mettre en lumière les attentes réciproques des intervenants sociaux et des familles, de s'interroger sur les valeurs des parents et des professionnels, et de favoriser une réflexion plus générale grâce à des échanges et à des conférences ouvertes aux intervenants sociaux de la ville.

Un groupe technique composé d'une vingtaine de personnes a donc été créé, et s'est réuni régulièrement pendant deux ans. Suite à de nombreux changements survenus dans les services de la ville de Lille ainsi que dans les affectations des organismes associés, le groupe technique a vu sa composition changer, ce qui n'a pas manqué de perturber l'organisation du travail. Cependant, une dizaine de personnes, déjà fortement impliquées la première année, a continué à participer aux avancées de la recherche.
Les séances de travail ont été l'occasion d'échanges sur la question de la parentalité, d'informations, de discussions et d'ajustements sur le dispositif d'enquête. Elles ont

---

[1] Aujourd'hui Conseil Local de Sécurité et de Prévention de la Délinquance.

permis aussi, par le biais de l'audition d' « experts », de s'informer et de débattre à propos de recherches ou d'initiatives récentes. Dix auditions ont ainsi été organisées [1], et la plupart d'entre elles ont été couplées avec des conférences ouvertes aux professionnels et bénévoles des associations, organismes et services de la ville de Lille.

II - L'enquête auprès des parents et des jeunes

Si la question de la parentalité a souvent été abordée « de l'extérieur » (media, rapports de spécialistes, …), il nous a semblé qu'une recherche concernant les parents et leurs rapports à leurs enfants ne pouvait se faire sans donner la parole aux principaux intéressés, afin de repérer les valeurs qui les habitent.

Souhaitant permettre à un grand nombre de personnes de donner leur avis sur la question en abordant les différentes facettes du thème de la parentalité, le choix de la méthode s'est porté sur un questionnaire pouvant être vite rempli, ne comprenant que deux questions ouvertes, les autres se présentant sous la forme de propositions, correspondant à des opinions relativement tranchées, par rapport auxquelles il convient de se positionner sur une échelle *(tout à fait d'accord, plutôt d'accord, plutôt pas d'accord, pas du tout d'accord)*.
Ainsi, des thèmes aussi divers que l'école, la violence, l'autorité, la sexualité, la sanction, la responsabilité, la réussite, etc, ont pu être abordés à la fois par les parents et les jeunes. Pour ces derniers, c'est la tranche d'âge des 12-18 ans qui a été privilégiée, la formulation de certaines

---

[1] Voir liste des interventions en annexe.

propositions ne permettant pas à des enfants trop jeunes de répondre.

Si les deux questions ouvertes sont différentes dans le questionnaire à destination des parents et dans celui des jeunes, les propositions sont, à quelques nuances près, identiques pour les deux échantillons.
Deux questionnaires garantissant l'anonymat ont donc été élaborés.
Le premier, destiné aux parents, s'intitule « *Etre parent aujourd'hui* ». Il a été largement distribué par le biais des écoles ou des associations de la ville. Sur les 3523 exemplaires diffusés, près d'un millier nous a été retourné et 899 se sont révélés exploitables, soit 25,51%.
Le second à destination des jeunes a bénéficié du même type de diffusion. Sur les 2733 questionnaires distribués, 1093 ont pu être exploités, soit 40%.

L'enquête porte donc sur un échantillon de près de 2000 personnes [1], se prononçant sur la question de l'éducation et des relations parents - enfants.

Le mode de diffusion des questionnaires [2] ne nous permet pas de parler d'un échantillon représentatif de la population lilloise, même si l'ensemble des quartiers de la ville a été pris en compte : certaines catégories sont plus représentées que d'autres, les femmes ont répondu plus massivement que les hommes.
Chez les jeunes, nous pouvons ainsi préciser que les filles ont répondu davantage que les garçons (62,31 % contre

---

[1] 1992 exactement.
[2] Par l'intermédiaire de relais (associations, écoles) que nous remercions vivement pour leur collaboration.

37,69 %) [1]. Ils sont généralement issus de familles nombreuses [2] et de milieux populaires [3] (32,76 % des jeunes qui ont répondu ont un père ouvrier et 15,12 % un père employé).

Dans l'échantillon des adultes, les femmes ont été, comme chez les jeunes mais dans une proportion accrue, plus nombreuses que les hommes à renseigner le questionnaire[4]. Les employé(e)s ont répondu massivement[5], suivis par les personnes sans activité professionnelle [6], puis par les professions intermédiaires [7] et les cadres et professions intellectuelles supérieures [8]. On trouve ici peu d'ouvriers [9].

Les conjoint(e)s des personnes qui ont répondu sont, pour leur part, employés dans 19,91 % des cas, ouvriers dans 17,40 %, exercent une profession intermédiaire pour 16,93% d'entre eux, ou sont cadres ou profession intellectuelle supérieure pour 15,83 %.

Ceci étant, les questionnaires ont été l'occasion de recueillir les positions de personnes [10] qui, de manière générale, sont rarement consultées sur les problèmes qui

---

[1] La répartition hommes / femmes dans la tranche des 12 / 18 ans de la ville de Lille est relativement équilibrée (50,25 % d'hommes et 49,75 % de femmes).
[2] Le nombre d'enfants par famille atteignant 4,19.
[3] 18,60 % des lillois de 15 ans ou plus sont ouvriers et 9,64 sont employés.
[4] 72,30 % des femmes et 27,70 % des hommes constituent notre échantillon.
[5] 27,73 % des personnes ayant répondu sont employé(e)s.
[6] 26,07 %.
[7] 18,48 %.
[8] 12,91 %.
[9] 8,06 %.
[10] Que nous remercions vivement pour leur participation.

les concernent mais qui font, par contre l'objet de discours de nombreux spécialistes.

La volonté de recueillir, à grande échelle, la parole des parents et des jeunes à propos de l'éducation nous a conduits à privilégier une méthode qui, comme toute méthode, n'est pas sans effets sur les résultats obtenus.

Le choix d'un questionnaire a probablement « écarté » nombre de parents peu à l'aise avec l'écrit, et on ne peut s'étonner, par exemple, de la sous représentation des ouvriers dans notre échantillon. Parmi les parents qui ont répondu au questionnaire, 8,06 % des parents sont ouvriers [1] et 17,40 % ont un conjoint ouvrier alors que 12,91 % sont cadres ou exercent une profession intellectuelle supérieure [2] et que 15,83 % ont un conjoint entrant dans cette catégorie. Interrogés par le biais des collèges, des lycées, ou d'associations, les jeunes rencontrent sûrement moins de difficultés, et la représentation des différentes catégories sociales est, ici, nettement plus équilibrée. Il est à noter aussi qu'un nombre non négligeable de questionnaires adressés aux adultes a été rempli, sous leur dictée, par les enfants, et on peut regretter de n'avoir aucun écho des discussions éventuellement provoquées à ce propos au sein des familles.

Les questions ouvertes, nécessitant réflexion et écriture, ont été parfois délaissées par les parents et par les jeunes. Pour les premiers, il s'agissait de répondre aux questions : « En tant que parent, qu'est-ce qui vous tient le plus à cœur dans l'éducation de vos enfants ? »[3] et « Que

---

[1] Alors qu'ils représentent 18,60 % de la population active de Lille.
[2] Leur représentation étant la même dans la population lilloise.
[3] 83,65 % des parents interrogés ont répondu à la question.

redoutez-vous le plus ?»[1]. Pour les seconds : « Qu'attendez-vous surtout de vos parents ? »[2] et « Plus tard, quel père ou quelle mère aimeriez-vous être ?»[3].

Par contre, le reste du questionnaire qui demandait de cocher son accord ou son désaccord avec des propositions formulées a, semble-t-il, permis aux personnes sollicitées de se prononcer sur de nombreux thèmes, alors qu'elles n'auraient peut-être pas été d'accord ou en mesure de répondre à des questions plus ouvertes.

Les « sans réponse » que nous avons pu relever dans la suite des questionnaires [4] n'ont donc probablement pas la même signification que ce dont nous venons de parler. Sans vouloir négliger les effets d'usure qui font que, lassé de répondre, on ne va pas au bout du questionnaire, il semble que cette explication puisse être évoquée pour les jeunes [5] mais ne soit pas satisfaisante pour les parents, les propositions situées en fin ne totalisant qu'un faible taux de non réponse.

Il apparaît par contre que certains thèmes entraînent plus de défections que d'autres. Ainsi, si l'évocation des grands parents provoque 4,5 % de non réponse, il faut se demander si les jeunes interrogés n'ayant plus de grands parents ne se sont pas « naturellement » abstenus de répondre.

Les plus forts taux de non réponse se concentrent essentiellement sur les propositions relatives aux familles

---

[1] 78,98 % de réponses.
[2] 83,08 % des jeunes interrogés ont répondu.
[3] 81,54 % de réponses.
[4] Entre 0,4 et 2,5 %, en général, hormis quelques exceptions.
[5] Les 8 dernières propositions affichent au moins 2,5 % de non réponse.

monoparentales, aux familles recomposées et aux divorces. Le sujet n'est pas neutre et on sait comment ces situations sont stigmatisées par nombre de discours, qu'ils soient publics ou privés. On comprendra que certains ne s'autorisent pas à avoir un avis sur un tel sujet.

La forme volontairement provocatrice de certaines propositions a pu parfois entraîner retrait plutôt que réaction. C'est ainsi qu'il est possible de considérer les propositions relatives aux services sociaux et aux violences à l'école.

Ceci étant dit, le grand nombre de réponses obtenues auprès de personnes concernées au premier chef par la parentalité, en tant que parents ou enfants, montre que la parole sur un tel sujet, souvent l'apanage des experts, mérite d'être partagée .

III - L'Enquête auprès des professionnels

Qu'ils soient enseignants, policiers, travailleurs sociaux, ou professionnels intervenants dans des associations sociales, éducatives ou culturelles, les professionnels que nous avons souhaité interroger sont des interlocuteurs privilégiés concernant la question de la parentalité, et ce à plusieurs titres.
Rencontrant des parents et / ou des jeunes dans le cadre de leur activité, ils sont les témoins d'une réalité qu'ils peuvent contribuer, d'une certaine façon, à construire. En effet, en fonction du quartier dans lequel ils interviennent, du public qu'ils rencontrent, des réponses qu'ils peuvent apporter, de leur formation, de la conception de leurs missions,…, leur perception des problèmes peut être totalement différente.

En ce sens, leurs représentations méritent d'être mises à jour, d'autant que les relations qu'ils entretiennent autant avec les jeunes qu'avec les parents, débouchent généralement sur des prises de position et des actions spécifiques.
Les entretiens ont ici pour objectif de cerner les représentations de la parentalité, de son exercice, de ses difficultés, voire des points forts ou des convergences à propos des fonctions parentales.

Chaque entretien, d'une durée approximative d'une heure, a donné lieu à une retranscription intégrale, puis à une analyse thématique. Trente cinq professionnels intervenant dans des secteurs différents ont ainsi été interrogés.

Tableau n° 1 : Nombre d'entretiens réalisés en fonction du secteur d'intervention :

Secteur professionnel	Nombre d'entretiens réalisés
Police	8
Justice	2
Education nationale	9
Insertion / Intégration	5
Action éducative	5
Action sociale et culturelle	6
Total	**35**

Dans l'exploitation qui suit, le terme générique de « travailleur social » regroupe l'ensemble des professionnels travaillant dans le champ de l'insertion, dans celui de l'action éducative ou encore de l'action sociale et culturelle. Notre approche en termes de groupes professionnels (policiers, enseignants, travailleurs sociaux,...) ne rendra généralement pas compte des différences liées aux statuts et aux fonctions. Seule, la variable sexe sera retenue.

Deuxième partie

Tableaux de familles
d'hier et d'aujourd'hui

Dans l'approche que nous faisons de la parentalité, il convient d'avoir constamment à l'esprit à la fois les richesses et les limites du concept. Nous chercherons donc à l'interroger, à repérer ce qu'il apporte à la réflexion, à comprendre les glissements qu'il permet d'opérer, sans oublier ce qui a présidé à son éclosion, et en particulier les inquiétudes de certains face à ce qu'ils ont appelé les mutations de la famille. En effet, nombre de discours mettent en avant les transformations de la famille, les déplorant le plus souvent car les considérant comme responsables de problèmes sociaux actuels.

Nous tenterons d'identifier ce qu'il en est des mutations effectives, avant de nous pencher sur ce que véhiculent les discours les plus courants, qui auraient tendance à stigmatiser la famille comme source actuelle de tous les dysfonctionnements sociaux en déplorant la disparition d'un modèle idéal qui aurait existé.

I - Le concept de parentalité

Le terme « parentalité », est un néologisme dérivé de « parental », ses origines remontant au XVIe siècle. Comme l'indique le Dictionnaire Critique d'Action sociale, « il n'est pas totalement dépourvu d'intérêt de noter qu'un terme voisin, « *parentalies »,* désignait dans l'Antiquité romaine les fêtes annuelles célébrées par chaque famille en hommage aux ancêtres, c'est à dire aux morts » [1].

---

[1] Barreyre. (J-Y .), Bouquet. (B.), Chantreau. (A.) et Lassus. (P.), Ò(sous la direction de), <u>Dictionnaire critique d'action sociale</u>, Paris, Bayard, 1995, p. 269.

D'une façon très large, la parentalité désigne la fonction de parent, en prenant en compte les responsabilités juridiques, morales et éducatives du père et de la mère. Cette notion de parentalité est liée à la prise de conscience qu'être parent ne va pas toujours de soi et que, pour reprendre un propos souvent attribué à Françoise Dolto, « on ne naît pas parent, on le devient ». Il s'agirait d'une sorte d'apprentissage et, quel que soit son milieu, toute famille peut être confrontée à des inquiétudes, à des difficultés, des besoins d'information ou de réassurance.

Il ne faut pas confondre « parentalité » et « parenté ». Selon F. Dekeuwer-Defossez, « la famille ménagère, celle qui vit sous un même toit, a des fonctions de parentalité à l'égard des enfants qui y sont élevés, c'est à dire qu'elle leur donne les moyens matériels, éducatifs et affectifs, de devenir adultes. Cette fonction est accomplie quel que soit le statut juridique de ces enfants. Il ne faut pas confondre avec la parenté, qui inscrit un enfant dans une lignée généalogique. La parentalité peut changer, être dévolue successivement ou même simultanément à plusieurs personnes. La parenté, elle, est beaucoup plus exclusive »[1].

Pour G. Poussin, « la parentalité, c'est d'abord le fait de se sentir parent. Elle suppose que la dimension parentale existe et désigne l'attribution que l'on a quand on est parent »[2]. C'est, en quelque sorte, accepter son rôle de père et / ou de mère.

---

[1] « La filiation en question » dans l'ouvrage collectif : Inventons la famille !, Paris, Bayard, 2001, pp. 17-18.
[2] « Comment rester parent au delà de la séparation conjugale », Journée d'étude ADSSEAD, 25 novembre 1999.

1 - La parentalité comme fonction :

Si la parentalité désigne le fait d'être parents, et les différentes fonctions habituellement dévolues aux père et mère et qui évoluent selon l'âge de l'enfant, parler de parentalité, c'est s'intéresser aux relations qui se nouent (ou se dénouent) entre parents et enfants, c'est se demander en quoi consiste le rôle des parents, c'est parfois aussi, pour certains, vouloir distinguer les « bons » des « mauvais » parents.

Il s'agit donc, à travers ce terme, de désigner la fonction parentale « qui accompagne l'enfant depuis les processus primaires d'individuation jusqu'à la sortie du réaménagement de l'adolescence »[1], mais qui dépasse la simple fonction éducative.

On peut dire que le terme de parentalité veut repérer la façon dont les parents exercent leur fonction, que ce soit sur le plan éducatif, le plan moral, le plan émotionnel ou le plan juridique. Il englobe à la fois la conception que les parents ont de leur rôle, la façon de la mettre en œuvre, leur manière de revêtir leurs habits de père et mère. Car, on le sait, la fonction parentale n'est pas vécue ou assumée de la même manière par tous, et elle ne s'exerce pas identiquement dans une famille et dans une autre.

Certes, la loi fixe un cadre lorsqu'elle définit l'autorité parentale comme « un ensemble de droits et de devoirs ayant pour finalité l'intérêt de l'enfant. Elle appartient aux père et mère jusqu'à la majorité ou l'émancipation de l'enfant pour le protéger dans sa sécurité, sa santé et sa moralité, pour assurer son éducation et permettre son développement, dans le respect dû à sa personne »[2].

---

[1] Barreyre. (J-Y.) Sous la direction de. <u>Dictionnaire critique d'action sociale</u>, Paris, Bayard éditions, p.269.
[2] Article 371-1 du Code Civil.

Mais ces fonctions de socialisation, d'éducation et de protection que doivent remplir les parents et qui concourent à l'identité de l'enfant et à son adaptation à la société sont en lien étroit avec les moyens culturels, affectifs, matériels, ... que les parents peuvent mobiliser.

« Plus qu'un concept abstrait à valeur symbolique (...), la parentalité nous apparaît comme une fonction essentielle dévolue aux adultes en charge d'assurer le développement d'un enfant, fonction qui entre en jeu dans le cycle de vie familial, au moment même où un couple s'engage dans le projet de concevoir un enfant, c'est à dire de « faire famille », donc bien avant la naissance de celui-ci, que cet engagement soit conscient et délibéré ou qu'il soit en grande partie la conséquence non voulue d'une rencontre, d'un viol ou d'une relation incestueuse (cas de certaines familles monoparentales). De toute façon, qu'il s'agisse de l'une ou l'autre de ces situations, la parentalité implique toujours deux personnes dans leurs fonctions à la fois symboliques et de réalité auprès de l'enfant concerné, deux sujets de droit ou de non-dit (selon les cas) qui devront être pris en compte dans toute intervention éducative à visée résolutive »[1].

2 - Les déclinaisons de la parentalité :

Pour Paul Durning, « Etre parent conjugue des réalités biologiques, des dimensions juridiques fondant la filiation et par là permettant l'inscription de l'enfant dans le corps social et la prise en charge quotidienne qui se traduit en de nombreuses activités de soin, d'éducation, etc »[2].

---

[1] Espace social, n° 3 , Septembre 1997, p. 45.
[2] Durning. (P.), Education familiale. Acteurs, processus et enjeux, Paris, PUF, L'éducateur, 1995, p. 99.

Dans « Les enjeux de la parentalité », Didier Houzel distingue trois axes qu'il nomme l'exercice de la parentalité, ou « attribution », l'expérience de la parentalité, ou « processus de parentification » et la pratique de la parentalité, ou « parentage » [1].

- L'exercice de la parentalité se traduit par la mise en œuvre à la fois des droits et des devoirs des parents. Il renvoie à la notion d'autorité parentale qui peut être définie comme « l'ensemble des droits et des devoirs attribués au père et à la mère sur leur enfant légitime ou naturel, jusqu'à sa majorité ou son émancipation, pour le protéger dans sa sécurité, sa santé et sa moralité » [2].

- La pratique de la parentalité comprend les actes de la vie quotidienne. Elle mobilise les compétences des parents et se traduit par les intéractions entre parents et enfants.

- L'expérience de la parentalité est l'expérience subjective de la parentalité. « Par expérience de la parentalité, nous entendons l'expérience subjective de ceux qui sont chargés des fonctions parentales. C'est le niveau d'analyse qui correspond à l'expérience affective et imaginaire de tout individu impliqué dans un processus de parentification. Les ramifications de cette expérience sont très nombreuses et impliquent des mécanismes psychiques conscients, mais aussi inconscients. C'est le niveau auquel peuvent s'analyser les fantasmes conscients et inconscients des parents concernant leur enfant, leur conjoint, eux-mêmes en tant que parents, les représentations qu'ils se font de leurs propres parents, etc. C'est aussi là que se joue la relation affective et imaginaire de chaque parent avec son enfant, qui implique des

---

[1] Houzel. (D.), <u>Les enjeux de la parentalité</u>, Ramonville, Erès, 1999, p. 115.
[2] « Les 200 mots-clé de la justice », <u>Ministère de la justice,</u> décembre 1997.

confrontations complexes entre plusieurs niveaux de représentations : enfant fantasmatique, enfant imaginaire, enfant réel ».

A ces trois axes évoqués par Didier Houzel, Marie-Pierre Mackiewicz en ajoute un quatrième qu'elle nomme : les ressources ou « capital social », et qui permet de prendre en considération les conditions d'existence des parents, qu'elles soient matérielles, culturelles, symboliques...

On le voit, à travers toutes ces définitions, la parentalité renvoie à la fonction de parents et aux relations que ces derniers entretiennent avec leurs enfants. Mais s'il s'agit là d'un concept essentiel à l'analyse des fonctionnements familiaux, il demeure insuffisant pour la mener à bien dans la mesure où il néglige le caractère profondément interactif de la relation parents / enfants ainsi que celui des liens entre la famille et son environnement social économique et culturel.

II - Les mutations effectives de la famille

Le terme de famille, s'il est d'un usage courant, n'en est pas moins ambigu en ce sens qu'il est, tour à tour, utilisé pour évoquer le groupe domestique, c'est à dire la famille conjugale, et la parenté. Ainsi, le même vocable désigne un groupe familial résidant sous le même toit, et une constellation familiale reliée par des liens de parenté et d'alliance.

Les mutations généralement évoquées à propos de la famille concernent le plus souvent la famille nucléaire et les interactions entre ses membres.

1 - Quelques données générales :

Alors qu'après la seconde guerre mondiale, l'image de la famille semblait être particulièrement stable et consensuelle, les années 70 ont vu un certain nombre de changements.

1 - 1 *Le mariage :*

Alors que leur taux ne cessait d'augmenter jusqu'en 1972, les mariages ont connu un recul spectaculaire puisque leur nombre s'est réduit de 40 % en 20 ans. Au début des années 60, vivre en couple était pratiquement synonyme d'être marié, il n'en est plus de même 15 ans plus tard (la baisse ayant été de plus d'un tiers). L'union libre se multiplie et même si beaucoup continuent de choisir le mariage, celui-ci n'est plus le passage obligé pour débuter une vie en couple [1].

En ce début de millénaire, l'INSEE avance un taux de nuptialité de 4,6 pour 1000 (il était de 6,2 pour 1000 en 1980). Le département du Nord affiche, quant à lui, des chiffres sensiblement supérieurs (5,1).

A côté de l'augmentation de l'union libre, qui contribue à la désaffection du mariage, il est à noter que les couples qui se marient le font de plus en plus tard. Au cours des vingt dernières années, l'âge au premier mariage a augmenté de quatre ans pour les hommes (pour atteindre 28,5 ans) et de 4,4 ans pour les femmes (26,6 ans au premier mariage).

En lien avec la baisse de la nuptialité, le nombre d'enfants nés hors mariage a fortement augmenté dans tous les pays d'Europe depuis les années 80. De 6,8 en 1970, leur proportion a atteint 24 % en 1987 et 30 % en 1999.

---

[1] A Lille, 66, 31 % des couples sont mariés.

1 - 2 Le divorce :

Parallèlement à la baisse des mariages, le XXᵉ siècle a vu une progression régulière du nombre de divorces à référer à des modifications de la législation, comme la loi de 1975 qui instaure le divorce par consentement mutuel.

Tableau n° 2 : Augmentation du nombre de divorces

Année du jugement	Nombre de divorces
1885	1960
1900	7437
1950	33 122
1975	54 306
1982	92 348
1990	105 891
1998	116 515
1999	120 000

Au cours des dix dernières années, on considère que les divorces qui déliaient 30 couples mariés sur 100, en touchent aujourd'hui près de 40[1].

A ce propos, certains n'hésitent pas à affirmer que les réformes actuelles concernant le divorce ont avant tout pour but de désengorger les tribunaux qui ne peuvent plus gérer le nombre croissant de procédures.

Notons que, selon l'INSEE, « lorsque la demande est présentée par un seul des époux, l'initiative du divorce

---

[1] Source INED d'après l'INSEE et le Ministère de la Justice, Population, 2000, n° 3.

revient majoritairement à la femme. Elle est l'auteur de la demande dans un peu plus de sept cas sur dix »[1].

Si l'on se penche sur l'état matrimonial déclaré des personnes de plus de 15 ans, on repère, surtout dans les villes, une hausse sensible du nombre de célibataires, une baisse des couples mariés ainsi qu'une augmentation des personnes qui se déclarent divorcées.

Tableau n° 3 : Etat matrimonial déclaré par les personnes de plus de 15 ans (Source INSEE).

	1982 (France)	1999 (France)	1999 (Dept du Nord)	1999 (Ville de Lille)
Célibataires	26,64	34,75	35,39	56,21
Mariés	60,74	50,98	50,45	31,11
Veufs	9,12	8,02	8,38	6,28
Divorcés	3,50	6,25	5,78	6,40
Total	100	100	100	100

La région Nord - Pas de Calais a vu 7 912 divorces prononcés en 1998, soit 5278 dans le département du Nord et 2 634 dans le Pas de Calais.

1 - 3 La fécondité :

La fécondité, qui a chuté entre 1970 et 1995 (passant de 2,47 enfants par femme à 1,70) est actuellement en hausse légère mais régulière (1,72 en 1996 ; 1,77 en 1999). L'année 2000 a permis d'enregistrer une nette augmentation des naissances (plus de 5 % de plus en un an) de même que des mariages (+ 7 %), mais il convient de se garder de toute conclusion hâtive car, si ces

---

[1] Munoz-Perez. (B.) et Rondeau-Rivier. (M-C)., « Une nouvelle phase pour le divorce ? », Données sociales, 1990, INSEE.

augmentations vont dans le sens d'une tendance à la hausse repérée au cours des dernières années, celle de l'année 2000 s'inscrit peut-être aussi et surtout dans un « effet de millénaire ».
Du point de vue de l'indice de fécondité, la France connaît le même mouvement de baisse de la fécondité régulièrement observée sur trente ans que ses voisins européens. Cependant, en 1999, on peut constater que ses chiffres sont parmi les plus élevés après la Norvège.

Tableau n° 4 : Nombre moyen d'enfants par femmes (source INSEE- février 2001) :

Pays	1970	1980	1990	1999
Allemagne	2,03	1,56	1,45	1,36
Autriche	2,29	1,65	1,45	1,32
Belgique	2,25	1,68	1,62	1,61
Danemark	1,95	1,55	1,67	1,73
Espagne	2,88	2,20	1,36	1,20
Finlande	1,83	1,63	1,78	1,74
France	**2,47**	**1,95**	**1,78**	**1,77**
Grèce	2,40	2,22	1,39	1,30
Italie	2,43	1,64	1,33	1,22
Luxembourg	1,98	1,49	1,60	1,73
Norvège	2,50	1,72	1,93	1,84
Pays Bas	2,57	1,60	1,62	1,65
Portugal	3,01	2,25	1,57	1,49
Royaume -Uni	2,43	1,90	1,83	1,68
Suède	1,92	1,68	213	1,50
Suisse	2,10	1,55	1,58	1,48

Tous les changements évoqués plus haut se sont produits sur fond d'un allongement spectaculaire de l'espérance de vie. Au cours des 25 dernières années, l'espérance de vie des hommes a gagné 6 ans et celle des femmes 5,7 ans.

Tableau n° 5 : Evolution de l'espérance de vie des hommes et des femmes à la naissance :

	Femmes	Hommes
1974	76,7	68,9
1988	80,5	72,3
1999	82,4	74,9

Au début de l'an 2000, la proportion des personnes âgées de plus de 65 ans atteint près de 16 % alors que les moins de 20 ans sont environ 25 %.

Tableau n° 6 : Population par âge et par sexe au recensement de 1999 (source INSEE)

	France			Région			Lille		
	H	F	Total	H	F	Total	H	F	Total
0-19	25,9	23,3	24,6	29,6	26,5	28,0	25,1	22,5	23,7
20-39	29,0	27,4	28,1	29,8	27,9	28,8	45,2	43,6	44,3
40-59	26,6	25,4	26,0	25,1	23,8	24,4	19,3	17,7	18,5
60-74	12,9	14,3	13,6	11,3	13,6	12,5	7,1	9,0	8,1
75 ...	5,7	9,6	7,7	4,2	8,2	6,3	3,4	7,1	5,4

On peut repérer une certaine conformité entre la pyramide des âges de la région Nord - Pas de Calais et de l'ensemble de la France. Par contre, on peut souligner l'importance de la tranche d'âge des 20-39 ans dans la ville de Lille(44,3% contre 28,8 % dans la région et 28,1 en France).

2 - Quelques évolutions des structures familiales :

2 - 1 *La taille des ménages :*

Elle a tendance à diminuer régulièrement. Alors qu'elle était de 3,1 en 1962, elle a chuté progressivement et des différences sensibles peuvent être repérées en fonction des zones géographiques étudiées.

Tableau n° 7 : Taille des ménages (source INSEE)

	France	Région	Lille
1 personne	31,0	26,6	50,8
2 personnes	31,1	29,6	25,3
3 personnes	16,2	16,9	10,0
4 personnes	13,8	14,6	7,1
5 personnes	5,5	8,0	3,7
6 et plus	2,4	4,3	3,1

Ainsi, en 1999, la taille moyenne des ménages est de 2,4 personnes en France (elle était de 2,7 en 1982) et elle est de 2,0 pour la ville de Lille (2,3 en 1982)[1]. Plus de la moitié des ménages vivant dans la commune de Lille est composée d'une personne seule.

2 - 2 *Les compositions familiales :*

La multiplication des familles monoparentales, terme sur lequel il faudra revenir, a souvent été évoquée pour caractériser les changements radicaux survenus, au cours des dernières années, dans la structure familiale.

---

[1] On peut noter une différence sensible en fonction de la nationalité. En effet, si le nombre moyen de personnes composant un ménage est bien de 2 pour l'ensemble des ménages lillois, il atteint 3,12 pour les étrangers et 1,91 pour les français.

Entre 1968 et 1975, on estimait à 10,3 % l'augmentation des familles monoparentales. Entre 1975 et 1982, ce chiffre atteignait 16,7 %[1].

Parmi les ménages recensés en France (qu'il s'agisse de couples, de personnes vivant seules, etc.), les familles monoparentales représentent, en 1999, 7,05 % de l'ensemble, soit 1 703 958 situations dont les plus fréquentes sont des femmes avec enfants (dans 84,80 % des cas). La ville de Lille compte, elle, 19,12 % de familles monoparentales, parmi lesquelles 89,87 % sont composées d'une femme avec son ou ses enfant(s)[2].

La proportion des familles monoparentales par département ne met pas en avant de différences significatives : en 1990, le Nord en comptait entre 12 et 14 %, et on estimait qu'il y avait 13,2 % de familles monoparentales en France[3].

Lorsque l'on parle de famille monoparentale, c'est le plus souvent pour aborder la question des enfants qui ne vivent pas avec leurs deux parents. Ainsi, on considère qu'aujourd'hui, en France, 16 % des enfants vivent dans une famille monoparentale. A Lille, c'est le cas de 25,75 % des enfants de 0 à 24 ans.

Ce terme de « famille monoparentale » est, soulignons le, particulièrement ambigu.
 Considérée du point de vue de l'enfant, cette appellation suppose que celui-ci n'a qu'un parent. Certes, toutes les études montrent que, suite aux séparations, les liens entre les enfants et le parent non gardien ont tendance à se distendre, mais les deux parents continuent à avoir une existence pour l'enfant, ce que nie le terme employé.

---

[1] *Femmes en chiffres, INSEE - CNIDF, sd, p 20*.
[2] Ces femmes travaillent dans 47,64 % des cas.
[3] *Portrait social, Les familles monoparentales, sd*.

La question des enfants ne vivant pas avec leurs deux parents est aussi posée à propos de ce que certains considèrent comme un « nouveau type » de familles : les familles recomposées.
Dans ce domaine, les statistiques font défaut et l'on est bien en peine d'annoncer clairement la proportion des familles recomposées en France.
En 1999, on estime entre 7 et 9 % la proportion d'enfants vivant dans des familles recomposées, ce qui fait dire, si on ajoute les situations de monoparentalité, que plus d'un quart des enfants ne vit pas avec ses deux parents.

Ceci étant, pour comprendre les mutations que vit la famille depuis un certain nombre d'années, il est indispensable de se pencher sur le contexte dans lequel elle évolue et sur ses conditions concrètes de vie.

3 - Le contexte socio économique :

3 - 1 La scolarité et la formation :

L'allongement des études et les nouveaux délais pour une insertion professionnelle ont eu des incidences sur les compositions familiales. A Lille, 69,9 % des jeunes de 20 à 24 ans et 15,3 % de ceux de 25 à 29 ans poursuivent des études. Les jeunes restent plus longtemps au domicile des parents et reculent également le moment de fonder eux-mêmes une famille.
En 1987, 59,2 % des garçons de 20 à 24 ans et 44,2 % des filles vivaient chez leurs parents, de même que 22,3 % des garçons de 25 à 29 ans et 10,5 % des filles du même âge.
Cette cohabitation, lorsqu'elle se conjugue avec un manque de ressources, d'autonomie professionnelle et sociale, un sentiment d'inutilité, d'infériorité voire

d'injustice, peut créer des tensions dans la cellule familiale.

Il est, dans ce cadre, problématique de se limiter à une vision globale qui masquerait les inégalités sociales, et seule une étude détaillée serait à même de mettre en avant les différences socio économiques et culturelles qui influent sur le mode de vie des familles.

3 - 2 Le chômage :

Nous nous contenterons d'insister ici sur un des traits tristement caractéristiques de la région Nord - Pas de Calais : le chômage.
Alors qu'il était de 12,9 % sur l'ensemble du pays en 1999, il atteignait 17,8 % dans la région Nord - Pas de Calais et 20,1 % dans la ville de Lille, ce qui ne peut manquer d'avoir des effets sur des familles entières.
Les chiffres du chômage, toujours défavorables aux femmes (avec une différence de 4 à 5 % avec les hommes), laissent voir à Lille, un plus grand équilibre (la différence entre hommes et femmes étant de 1,5 %).

Le taux de chômage élevé a aussi des incidences sur l'entrée des jeunes dans la vie active qui suppose des délais de plus en plus importants. Les enquêtes d'insertion professionnelle menées dans l'académie de Lille en 1997 montraient que, huit mois après avoir quitté le système scolaire, qu'ils soient diplômés ou non, 50 à 60 % des jeunes étaient au chômage. Ces chiffres méritent d'être affinés en tenant compte du sexe (les jeunes filles étant encore plus souvent victimes du chômage que les jeunes hommes) et du niveau de qualification qui introduit des différences criantes. L'année 99 a vu une baisse sensible du chômage des jeunes (41 % pour les garçons et 52 % pour les filles) qui reste cependant élevé et qui traduit des difficultés réelles d'insertion, surtout pour les filles et pour les moins qualifiés.

En plus des modifications dans les comportements et des incidences de la conjoncture économique et sociale qui ont imprimé leur marque sur la famille, on peut dire que de nouvelles normes en matière familiale se sont imposées par le biais des réformes législatives. Comme le souligne Irène Théry évoquant les lois sur la filiation, l'autorité parentale, le divorce : « Ces lois ne sont pas simplement des adaptations du droit, elles opèrent vraiment une révolution générale de la conception de la norme familiale à travers l'abandon du modèle du Code Napoléon qui était uniquement organisé pour la défense d'un seul modèle de famille : la famille légitime et stable, hiérarchique et autoritaire, fondée sur l'inégalité des sexes et la sujétion des enfants à l'égard de leurs parents, en particulier leur père à travers la notion de puissance paternelle »[1].

Le droit, en matière familiale, entérine des changements liés à des pratiques sociales nouvelles (comme l'égalité des enfants naturels et légitimes face à la loi) et / ou impulse des attitudes parentales signifiant une évolution plus égalitaire des rôles des père et mère (comme le congé de paternité de quinze jours).

Cependant, les aléas du droit et des politiques familiales hésitent entre conservatisme et innovation comme le montrent les récentes modifications du congé parental d'éducation qui encouragent les femmes à « rentrer à la maison ».

---

[1] Théry. (I.), « La transformation des années soixante / soixante dix », dans <u>Les implicites de la politique familiale</u>, Paris, Dunod, 2000, p. 195.

III - Les discours sur les mutations de la famille

On le sait, depuis des décennies, presque tous les discours sur la famille évoquent la crise voire la mort de la famille. Parallèlement, les propos nostalgiques sur une famille que l'on n'a pas connue, vivant dans une vaste maisonnée chaleureuse et protectrice faisant cohabiter parents, enfants, aïeuls, cousins, etc, sont toujours aussi prégnants.

1- Un passé à regretter ?

Si on regarde sur le long terme, on les a vu fleurir essentiellement dans des périodes politiques où la justification des inégalités et le contrôle des populations dominées l'emportaient sur la démocratie et l'égalité.
Les historiens ont pu les repérer depuis le Directoire, en contrecoup de la Révolution française qui avait voulu réintroduire une forme d'égalité des membres de la famille (rééquilibrage des droits de la femme par rapport à ceux de l'homme, rééquilibrage des droits des enfants par rapport à ceux des parents...).
Depuis la suppression du droit d'aînesse, certains considéraient que les enfants ne respectaient plus leur père. Notons que, curieusement, aujourd'hui, c'est souvent l'affaiblissement du droit de correction -par les parents ou par les enseignants- qui est mis en avant pour expliquer ce que certains appellent le « manque de respect des jeunes ».
Dans la plupart de ces discours, la « destruction de l'ordre familial », qui annoncerait la « destruction de l'ordre social », serait le résultat de l'affaiblissement du pouvoir du père.

On peut dire que, depuis environ deux siècles, les Français vivent dans l'angoisse de la disparition de la famille. Pour s'en convaincre, ils évoquent pêle mêle la baisse de la natalité, l'augmentation du divorce, la crise du mariage, le déclin de l'autorité des parents, l'importance du travail féminin (environ 70 % des Françaises travaillent et l'activité féminine ne diminue sensiblement qu'à la naissance du troisième enfant -44 % seulement demeurent « actives »-).

Il est vrai que l'industrialisation et l'urbanisation ont pu entraîner une concentration du noyau familial, un déplacement des fonctions de la famille qui a été relayée par l'Etat dans ses fonctions de protection, d'éducation, de santé, de sanction ... Mais il convient de ne pas oublier un certain nombre de points.

Rappelons ainsi que la famille n'exerçait que rarement autrefois toutes les fonctions évoquées plus haut. Les solidarités locales, la vie de quartier, la vie du village ... faisaient aussi office d'instances de régulation.

Par ailleurs, nombre de travaux d'historiens nous ont, depuis longtemps, amené à nuancer quelque peu l'image idyllique de ce monde familial perdu et que nous semblons regretter. On sait ainsi que la mortalité de jadis faisait éclater les cellules familiales avec plus d'efficacité que les divorces ou les séparations d'aujourd'hui.

Dans la France des XVII e et XVIIIe siècle, 1/4 des mariages étaient des remariages encouragés par l'église qui interdisait le divorce mais encourageait fortement les veufs et les veuves à se remarier au plus vite, pour des raisons à la fois morales et sociales. La moitié des enfants environ était livrée aux bons soins d'un beau-père ou d'une belle-mère avant d'avoir atteint l'âge adulte. Comme les remariages renforçaient les écarts d'âge entre les conjoints, il n'était pas rare qu'un enfant, après le décès de ses deux parents, vive avec des « parents » auxquels il n'était rattaché par aucun lien biologique.

On peut alors affirmer que les aléas de la démographie fabriquaient autant de familles recomposées qu'aujourd'hui, et que les principes de composition des

familles étaient rarement basés sur l'affection et orientés vers le bien être des différents membres de la cellule familiale.
Quant aux analyses des archives judiciaires de la France des XVIIIe et XIXe siècles, elles montrent que, loin d'être le havre de paix tant vanté par les penseurs conservateurs du XIXe siècle, la famille souche était très souvent un foyer de violence et de déchirement. La criminalité familiale n'était pas une rareté comme l'a montré, en particulier Jean Claude Chesnais.[1]

On est alors autorisé à se demander pourquoi les discours actuels ont tendance à redorer le passé. On sait que, dans certains cas, noircir le présent permet de justifier une politique répressive, mais on peut s'interroger sur les raisons du succès de telles représentations et de tels discours.

2- Un présent à combattre ?

Comme l'explique Irène Théry dans le rapport à la Ministre de l'emploi et de la solidarité : <u>Couple, filiation et parenté aujourd'hui ; le droit face aux mutations de la famille et de la vie privée</u>, nous vivons une double mutation de la famille nucléaire et de la famille étendue. Pour elle, les moteurs de cette mutation sont la dynamique de l'égalité des sexes, la progressive personnalisation du lien à l'enfant et l'allongement continu de l'espérance de vie.
« En ce sens, la mutation de la famille s'inscrit en profondeur dans l'affirmation des valeurs démocratiques,

---

[1] Chesnais. (J-C.), <u>Histoire de la violence,</u> Paris, Laffont, Coll. Pluriel, 1981.

et un retour en arrière n'est sans doute ni possible, ni souhaitable » [1].

Il convient donc de prendre ses distances par rapport aux discours catégoriques et par trop pessimistes concernant la famille.
Il s'agit aussi de s'interroger sur l'image de la normalité qui est véhiculée par ces discours et, par là, sur la stigmatisation qui est, de fait, provoquée envers ceux qui s'écartent de cette vision normative.

Si un débat sur les mutations de la famille se justifie, il s'agit cependant, dans un premier temps, de se libérer de la fascination pour un passé reconstruit et enjolivé. La famille est une institution vivante et en perpétuel mouvement. Comme l'affirme Irène Théry, la famille est en train de changer de visage : « plus complexe, elle est à la fois plus exigeante et plus fragile ». Selon elle, il s'agit d'une évolution « heureuse » qui manifeste « la vitalité du lien familial contemporain ».

Dans un second temps, il convient d'entériner l'existence de la diversité des structures familiales et ne pas chercher à remplacer un modèle familial bousculé par un autre qui deviendrait une nouvelle référence. Il est temps d'accepter les incertitudes liées aux mutations précédemment évoquées.

Dans un troisième temps, il faut susciter une réflexion d'ensemble du processus social et familial en se méfiant des représentations du sens commun qui privilégient la

---

[1] Théry. (I.), " Couple, filiation et parenté aujourd'hui. Le droit face aux mutations de la famille et de la vie privée ", <u>Rapport à la ministre de l'emploi et de la solidarité</u>, Mai 1998, pp. 22-23.

dimension « psychologisante » au détriment de la dimension sociale.

A ce sujet, évoquant le « démariage » qui englobe à la fois les ruptures conjugales et la baisse de l'institutionnalisation des unions, Irène Théry affirme qu'il convient de « cesser de s'obséder sur les mœurs pour se dire qu'elles sont aussi ce que la société est capable d'en dire et d'en faire. Ce qui nous manque, ce ne sont pas des individus responsables, c'est une collectivité capable de tenir sur la liberté individuelle un autre discours que celui de la gestion insignifiante ou de la décadence morale. Ce dont nous souffrons, ce n'est pas du divorce, c'est de l'incapacité totale de la société à lui donner un autre sens que celui de l'échec des valeurs »[1].

Enfin, il importe de dépasser l'opposition classique entre groupe familial et individu. La famille n'est pas un groupe social comme les autres. Elle est le lieu de croisement de différents types de liens humains : le lien de couple, le lien de filiation, le lien fraternel, et le lien intergénérationnel, sans oublier, bien entendu, le lien social et économique, car elle n'est pas traversée que par des liens qui lui sont propres.
Et c'est à travers ces liens hétérogènes que se construit l'identité de chacun.

3- Une dynamique positive :

On le voit, au cours des dernières décennies, la famille a indéniablement évolué :
    - Les relations entre hommes et femmes se sont transformées au niveau d'une certaine égalité qui était impensable dans le passé. Rappelons, s'il en est besoin,

---

[1] Théry. (I.), <u>Le démariage. Justice et vie privée</u>, Paris, Editions Odile Jacob, 1993, pp. 9-10.

cette phrase de Napoléon : « La femme est donnée à l'homme pour qu'elle fasse des enfants. Elle est donc sa propriété comme l'arbre à fruits est celle du jardinier ». On sait, au regard des textes de loi, qu'il faudra attendre 1938 pour voir supprimée l'idée d'incapacité de la femme mariée. C'est, par ailleurs, en 1942 que sera abolie la « puissance maritale », et ce n'est qu'en 1965 qu'elle pourra exercer une activité professionnelle sans l'autorisation de son mari.

- On peut affirmer que l'un des grands changements survenus dans la vie privée au cours des derniers siècles a été l'introduction de l'amour dans la vie familiale : amour entre les conjoints et l'amour entre les parents et les enfants. C'est d'ailleurs très probablement ce changement important qui en a entraîné certains autres : lorsque l'amour entre conjoints disparaît, le couple se sépare.
Les relations familiales ne sont plus, comme par le passé, basées sur un arrangement, sur un accord économique, social ou même politique ; elles ont avant tout une base affective.

- Les rapports entre générations se sont améliorés et la considération pour l'enfant s'est fortement accrue.

- Contrairement à de nombreux propos, la crise du couple n'implique pas la mort de la famille. Au contraire, elle semble renforcer les réseaux de parenté et, même dans les cas de séparation du couple parental, on voit s'affirmer le rôle des grands parents. A ce propos, le troisième âge n'est plus aujourd'hui seulement composé de vieillards à charge, mais bien d'adultes en bonne santé, disposant de temps libres et des ressources parfois faibles mais régulières de la retraite. Plus que jamais, on peut compter sur leur aide affective et matérielle.

Autrefois, on le sait, la génération des parents disparaissait quand celle des enfants se mariait, les premiers laissant la place aux seconds. Pour la première fois dans l'histoire, deux générations d'adultes, parents et enfants, coexistent longuement. On sait que pour un tiers des enfants, la garde est assurée par une des grand-mères (qu'il s'agisse de garde quasi permanente, l'enfant étant élevé par ses grands-parents -dans 5 % des cas- ou des multiples gardes temporaires, occasionnelles pour des démarches, des commissions, une soirée, un mercredi, etc).

Les configurations familiales, certes, évoluent, mais dans un sens qui ne justifie pas les noires prévisions sur la mort de la famille et l'usage qui peut en être fait.

La promotion de la parentalité, qui peut témoigner d'une intention bienveillante à l'égard des parents, ne peut-elle pas aussi être interprétée comme une modernisation des discours nostalgiques sur la famille expliquant à bon compte les problèmes auxquels notre société devrait pouvoir répondre ? La famille n'est ni à considérer comme un sanctuaire, ni comme une forteresse assiégée : en effet, si elle est traversée, bousculée, par des modifications démographiques, bioéthiques, psychologiques, économiques, sociales... , elle les métabolise et les transforme. On peut rappeler à ce sujet, et à titre d'exemples, le développement des solidarités familiales en réponse au chômage des jeunes, une répartition – un peu !– différente des tâches au sein du couple en réponse au travail des femmes, des cohabitations intergénérationnelles qui se réinventent en raison de l'allongement des études, donc de la présence plus longue au domicile d'adolescents devenus adultes.
Au lieu d'entretenir le discours de la plainte, ne faudrait-il pas observer ces mutations d'un œil à la fois critique et

bienveillant, dans la mesure où elles témoignent de la vivacité d'une institution sociale non dépourvue de capacités de résilience...[1] ?

---

[1] Au sens où l'emploie Boris Cyrulnik : à la fois résistance à un choc et capacité de rebondir suite à un traumatisme.

Troisième partie

Le point de vue des parents et des jeunes

La présentation des résultats des questionnaires adressés aux parents et aux jeunes s'effectuera en trois temps :

- Le traitement des questions ouvertes auxquelles ont répondu les parents. Dans la partie intitulée « Etre parent aujourd'hui », on mettra l'accent sur la représentation qu'ils ont de leur rôle et sur leurs préoccupations.

- La partie consacrée au « regard des jeunes » exploitera les réponses aux questions ouvertes relatives aux attentes envers les parents et à la manière dont ils imaginent leur rôle de parent à l'avenir.

- La troisième partie traitera les réponses à la cinquantaine de propositions concernant l'éducation : à partir des opinions exprimées en terme de « Tout à fait d'accord », « Plutôt d'accord », « Plutôt pas d'accord », « Pas du tout d'accord », l'analyse croisera les regards des parents et des jeunes, mettra en avant les points de convergence et de divergence et proposera des pistes de compréhension.

I - « Etre parent aujourd'hui »

1 - Ce qui leur tient à cœur :

Interrogés sur ce qui leur tient le plus à cœur dans l'éducation de leurs enfants, 752 parents ont répondu, résumant parfois leurs préoccupations en un mot : « la réussite », « l'épanouissement », « l'avenir », « le travail », associant parfois plusieurs thèmes : « la politesse et le respect », « le respect de soi-même et donc des autres », « autorité, éducation », « communication, dialogue », mais développant aussi souvent leur propos.

On trouve, par exemple : *« Ce qui me tient le plus à cœur dans l'éducation, c'est le respect des enfants envers les parents ainsi qu'envers les autres. De même, la politesse est très importante. Ainsi, il peut s'établir une relation de confiance réciproque ».* Ou encore : *« De réussir à avoir des enfants bien dans leur tête, dans leur corps et dans leur vie. Le plus épanouis possible, responsables, autonomes. Sachant que la famille existe pour eux, tout en étant capables de s'assumer seuls de façon à vivre leur propre vie ». « Leur apporter un équilibre social, familial, sentimental, pour qu'ils soient bien dans leur tête à tous les niveaux, et qu'ils puissent épanouir sainement dans ce monde de brutes ».*

La variété des réponses et le sérieux avec lequel la plupart des parents ont répondu témoignent de l'acuité de leurs préoccupations en matière d'éducation. Nous verrons que les attentes formulées par les parents les mettent, de même que leurs enfants, en jeu dans un processus éducatif, mais nous savons aussi que celui-ci ne peut pas être considéré indépendamment du contexte social dans lequel ils évoluent et qui est le creuset même de l'intégration. En effet, en matière d'éducation et de formation des futurs adultes, les parents se trouvent au centre d'un système (éducatif) dont ils ne possèdent pas toutes les clés. Ils sont cependant sommés de remplir « leur » rôle, permettant à l'enfant de trouver « sa » place, alors que le fait d'être adulte et d'avoir mis au monde des enfants ne suffit pas à structurer la fonction parentale, à permettre de l'assurer dans le cadre quotidien et symbolique, ni à penser et à fabriquer les futurs citoyens dans la seule sphère privée.

Les fortes attentes sociales dont sont porteurs les parents se retrouvent bien dans leurs propos.

Ce qui revient le plus souvent dans ce qui leur tient le plus à cœur concernant l'éducation leur enfant est le respect [1], qu'il s'agisse du respect de l'autre, du respect des règles, du respect des valeurs, du respect de soi.
- *« Je tiens à leur transmettre les vraies valeurs, celles qui sont les miennes et que mes parents m'ont donné : le respect de l'autre, l'honnêteté, le courage, la responsabilité de ses actes ».*
- *« Je tiens au respect envers les membres de la famille, les professeurs, et les gens qu'ils rencontrent dans la vie ».*
- *« Je veux que mes enfants aient une bonne éducation, qu'ils respectent les autres ».*
- *« L'honnêteté, le respect, une bonne moralité, savoir garder les valeurs morales ».*

Dans un nombre non négligeable de cas [2], respect et politesse font partie de la même phrase :
- *« Dans l'éducation de mes enfants, ce qui me tient le plus à cœur c'est qu'ils respectent tout le monde, qu'ils soient polis ».*
- *« La base de l'éducation se réduit à la politesse, au respect de soi et d'autrui, ainsi qu'au dialogue parents / enfants ».*
- *« Le respect, la politesse envers leurs aînés »*
- *« Qu'ils soient polis, propres, qu'ils aient le respect d'autrui et qu'ils réussissent dans la voie qu'ils ont choisie ».*

C'est la réussite de leurs enfants qui est ensuite le plus souvent citée comme objectif des parents et un quart

---

[1] Le respect est cité dans 28,72 % des cas et est plus souvent mis en avant par les femmes (30,92 % d'entre elles) que par les hommes (22,45 %).
[2] 7,85 % des réponses. Ici encore, les femmes sont plus sensibles que les hommes à cette qualité.

d'entre eux y font référence dans leur réponse. Parmi ceux qui l'évoquent, on peut remarquer que l'école tient une grande place puisque la réussite scolaire est celle qui est le plus souvent évoquée[1]. La réussite professionnelle est moins souvent citée en tant que telle[2], mais on peut penser qu'elle est sous-entendue dans le terme « réussite » lorsqu'il n'est pas précisé, qu'elle est aussi liée étroitement à la réussite scolaire et également contenue dans le propos « *qu'il réussisse dans la vie* »[3].

Certains déclinent les étapes de la réussite qu'ils souhaitent à leurs enfants :
- « *Qu'ils réussissent leurs études, qu'ils puissent accéder au marché de l'emploi sans trop de difficultés, et qu'ils réalisent leurs ambitions* ».
- « *Ce qui me tient le plus à cœur, c'est que mes enfants réussissent dans la vie, travaillent bien à l'école, et qu'ils aient un métier pour assurer leur avenir* ».
- « *Qu'ils réussissent leur avenir sur tous les plans, c'est à dire le plan scolaire, le plan professionnel, et le plan sentimental quand ils auront l'âge, bien sûr* ».

Quelques parents expriment le souhait de voir leur enfant devenir responsable[4] :
- « *Je souhaite en faire des adultes responsables et adaptés aux contraintes de notre société* ».
- « *Qu'ils s'épanouissent personnellement, en ayant conscience que leur liberté s'arrête à celle des autres, et qu'à leur place, ils soient responsables d'eux et de ceux qui sont autour d'eux* ».

---

[1] 38,12 % de ceux qui visent la réussite de leur enfant l'associent aux études.
[2] Par 14,92 % des parents qui parlent de réussite.
[3] Qui est cité dans 28,18 % des cas.
[4] Ce terme n'apparaît que dans 2,39 % des réponses.

- *Leur apporter tout ce qui leur permettra de devenir des adultes responsables et épanouis ».*

La question de l'autonomie est également évoquée [1], mais de façon marginale :
- « *Que mon enfant apprenne peu à peu à être autonome, à se prendre en charge, et qu'il soit bien dans sa peau ».*
- « *Je veux les aider à faire leurs choix pour qu'ils deviennent autonomes, prêts à affronter les difficultés de la vie dans le respect d'autrui ».*

A côté de ces éléments qui apparaissent de façon significative, on peut noter une grande diversité dans les réponses, ce qui témoigne de la variété des préoccupations des parents. Certains évoquent des attentes ponctuelles : « *être satisfait de son institutrice* », ou « *J'aimerais que ma fille apprenne à devenir organisée dans son travail* », d'autres semblent vouloir conjurer des angoisses : « *les voir grandir* ».
On repère parfois un besoin de normalité et de collaboration avec les adultes dans leur fonction éducative :
- « *De bien se comporter à l'école, de bien écouter ses professeurs, d'être surtout disponible à aider aussi les enseignants pour leur faciliter la tâche de bien accomplir leur mission d'enseignant ».*

Certains parents éprouvent parfois des difficultés à s'exprimer sur une telle question : « *Beaucoup de choses sont importantes. Je ne sais pas quoi dire en particulier, mais je veux qu'ils restent des enfants polis, honnêtes et aimables ».*

D'autres ont plus de facilité à décliner leurs attentes :

---

[1] Dans 1,46 % des réponses.

- « *En faire un homme et une femme curieux, ouverts aux autres, qui éprouvent le bonheur de vivre, l'envie de faire, d'agir, d'apprendre, de créer, d'aimer* ».
- « *Faire qu'il puisse s'intégrer dans la société telle qu'elle est en y trouvant un épanouissement individuel, mais avec toutefois quelques réserves car il y a des aspects de notre société que je ne suis pas prête à accepter* ».
- « *Leur inculquer le courage pour faire face à l'adversité, leur donner les moyens pour devenir des adultes heureux, bien dans leur peau, dans une bonne relation avec les autres* ».

Comme on le voit, les attentes sont multiples et les termes utilisés sont nombreux. Ainsi, la référence à la confiance apparaît dans 3,19 % des cas :
- « *La confiance mutuelle afin que les enfants puissent vivre dans le respect de la vie et réalisent ainsi leur avenir d'homme et de femme* ».

Quant au bien-être de l'enfant, il est évoqué dans 2,53 % des réponses :
- « *Je souhaite leur bien-être et j'espère qu'ils trouveront la place qu'ils souhaitent occuper dans la société* ».

Alors que les parents sont souvent qualifiés de démissionnaires, que la famille est vue comme lieu de non-droit, on peut constater que l'image donnée par les parents qui ont répondu à l'enquête n'est pas le reflet d'un laxisme, d'un désintérêt ou d'une insouciance.

2 - Ce qu'ils redoutent :

A la question : « Que redoutez-vous le plus ? », 710 parents ont répondu, les femmes ayant un taux de réponse légèrement supérieur à celui des hommes [1]. La réponse étant totalement libre, certains parents ont résumé leur position en un ou deux mots, d'autres ont listé ce qui leur faisait peur.

Rares sont ceux qui ont développé leurs craintes comme cette mère de famille : « *Ne pas être capable de déceler les problèmes éventuels de mes enfants autant au niveau des difficultés scolaires que d'un changement de comportement de mes enfants* ».

Quelques-uns ont manifesté une sorte de défaitisme : « *Vous savez, on a beau bien éduquer son enfant, avec les fréquentations qu'il aura plus tard, il peut bien ou non tourner ; mais j'espère que les miens tourneront bien* ».

On peut tout d'abord mettre en avant la grande dispersion des réponses. Pour les parents, les sujets de crainte ne manquent pas : le chômage[2], l'alcool[3], le Sida[4], le racisme et les injustices[5], la mort (et en particulier le suicide), les accidents, le mensonge, le manque de dialogue[6], la pédophilie[7], l'individualisme, une mauvaise orientation dans les études, l'inactivité, l'isolement affectif, la déchéance, l'intolérance, les grossesses précoces, …

Ce qui marque au premier abord, c'est la peur que les parents ressentent à l'égard de la drogue. En effet, 32,95% des parents qui ont répondu évoquent la drogue et la toxicomanie, parfois isolément, mais le plus souvent associées à d'autres craintes :

---

[1] 80,31 % des femmes ont répondu à cette question ainsi que 74,70 % des hommes.
[2] Cité par 25 parents.
[3] Cité 26 fois.
[4] Cité 19 fois.
[5] Cités 11 fois.
[6] Cités chacun 9 fois.
[7] 5 fois.

- « *La violence, la drogue et la prostitution : tout ce qui peut porter atteinte à l'intégrité physique ou morale* ».
- « *La drogue et plein de choses qui font peur quand ils grandissent* ».
- « *La violence, la drogue, l'alcoolisme, toute violence physique ou verbale venue de l'extérieur, tout ce qui est difficile à maîtriser pour une personne jeune, fragile ou fragilisée* ».
- « *Qu'il perde confiance en lui, qu'il perde ses repères et soit livré aux dangers extérieurs (drogues, agressions physiques, sexuelles, psychologiques).*
- « *Qu'ils se droguent et qu'ils deviennent délinquants* ».
Ces peurs renvoient à des dangers « *venus de l'extérieur* », qu'ils ne voient pas arriver, qu'ils ne peuvent maîtriser et dont « *toute personne peut être victime à son insu* »[1].
La fonction parentale est, ici, malmenée, à la fois parce que l'usage d'un produit peut-être perçu comme le résultat d'un mal-être non repéré ou non canalisé et donc comme une défaillance du contrôle ou de la capacité d'écoute des parents, parce qu'il met en défaut le dialogue et la confiance souhaités dans la relation parents / enfants, sans oublier qu'il confronte l'ensemble de la famille à un processus long et éprouvant.

On voit que les craintes des parents renvoient à ce qu'ils ne maîtrisent pas, cet extérieur inquiétant et incontrôlable. Ainsi, ils sont nombreux [2] à redouter les « *mauvaises fréquentations* », les « *mauvaises influences* » :
- « *Ce que je redoute le plus, c'est une possible dérive du fait des fréquentations que l'on ne peut pas toujours contrôler (et encore moins interdire)* ».

---

[1] Propos d'une mère au sujet de la drogue et des sectes.
[2] 123 parents les évoquent dans leur réponse à la question, les mères étant proportionnellement plus nombreuses que les pères à les mettre en avant (18,96 % des mères et 12,37 % des pères parlent de ces fréquentations).

- « *Qu'il soit mal entouré et fréquente n'importe qui à l'école, ce qui peut nuire à sa réussite. En un mot, les mauvaises fréquentations* ».
- « *Qu'il fasse de mauvaises rencontres et qu'il ait de mauvaises fréquentations qui peuvent l'entraîner à écouter les autres* ».

La violence et l'insécurité sont citées 114 fois, et si dans 10 cas seulement, les personnes tentent de préciser,[3] ces deux termes suffisent aux parents pour qualifier leurs peurs. On suppose qu'ils pensent à la violence « des autres » et non à celle de leur enfant, et que la violence est obligatoirement extérieure à la cellule familiale.

Ces propos nous renvoient à la façon dont le thème est traité, depuis nombre d'années, dans les discours publics. Que ce soit dans les media, les discours politiques dont nous avons eu un large échantillon au cours de l'année 2002 ou dans l'opinion commune, les termes de violence et d'insécurité sont toujours employés sans qualificatif et sans précision, mais ils ne servent pas à désigner tout ce qu'ils pourraient recouvrir, à savoir les guerres, les violences policières, les violences des hommes sur les femmes, les maltraitances à enfants, les violences dans le monde du travail, l'insécurité routière, les détournements de fond, etc. Il suffit de lire ou d'écouter quelques phrases de journalistes ou d'hommes politiques pour comprendre bien vite que la seule chose dont il est question, c'est de la délinquance juvénile, et en particulier celle des jeunes des banlieues.

---

[3] 7 parlent de violence en milieu scolaire, 1 de violence dans la rue et 2 évoquent la violence verbale et physique.

Influencés par ce mode de pensée, les parents n'éprouveraient donc pas la nécessité de préciser : évoquer la violence ou l'insécurité, c'est redouter l'ennemi extérieur qui menace la paix familiale et sociale, celui qui est partout, anonyme mais socialement et le plus souvent ethniquement repéré, qui va frapper violemment, n'importe qui, n'importe où et à n'importe quel moment. Cette imprévisibilité soupçonnée et la violence de l'agression sont surtout à l'origine du sentiment d'insécurité. De nombreuses études sur la question montrent pourtant que les violences graves commises dans notre pays mettent en jeu des protagonistes qui ont souvent un lien entre eux (auteurs et victimes font partie du même cercle amical ou familial) et ont un fort taux d'élucidation, alors que ce sont les petites infractions, qui font de plus en plus de victimes et qui ont un faible taux d'élucidation, qui contribuent largement à l'accroissement du sentiment d'insécurité. En général, la peur n'est pas liée à un danger réel ; elle est le résultat d'un amalgame et d'un fantasme collectif.

Pour Laurent Mucchielli, « la peur n'est pas liée seulement à la probabilité d'être victime, mais aussi à la perception que l'on a du monde social ainsi qu'aux capacités de réaction et de protection dont on dispose »[1]. On peut alors se demander quelle perception les parents ont du monde qui les entoure et des institutions sensées les aider et les protéger. Ces institutions qui ne manquent pas de critiquer les parents, de les traiter de « défaillants » ou de « démissionnaires », sont alors à interroger et ont à répondre de leur propre activité.

---

[1] Mucchielli (L.), <u>Violences et insécurité. Fantasmes et réalités dans le débat français</u>, Paris, Editions La Découverte et Syros, p. 22.

Une autre crainte évoquée de façon significative [1] par les parents concerne la délinquance. Si le terme est, lui aussi, parfois cité sans précision, on voit bien que, dans la plupart des cas, c'est bien la délinquance de leurs propres enfants que redoutent les parents :
- *« J'ai peur qu'ils fassent de travers, donc de la délinquance ».*
- *« La délinquance et la déchéance ».*
- *« Qu'il tombe dans la délinquance malgré l'éducation que nous lui donnons ».*
- *« Que mon enfant « plonge » dans le monde de la délinquance ».*

Même si les parents ne peuvent pas forcément tout maîtriser, la question sous-jacente ici est bien celle de la responsabilité. Certains l'affirment même en tentant de se désolidariser des autres parents : *« Je redoute la délinquance. La plupart des parents ne sont plus responsables de leur enfant ; moi, je le suis toujours ».*
Le sentiment de responsabilité se mêle donc à la peur de l'échec, échec de la socialisation et échec de l'intégration :
- *« Je redoute la délinquance, puis la mise en marge de la société ».*
- *« Que mes enfants n'aient plus le goût de vivre et qu'ils se « détruisent » par la drogue, la délinquance, l'alcoolisme, le suicide ».*

La notion d'échec est mise en avant par 46 parents :
- *« L'échec dans l'éducation que je leur donne »*, *« L'échec dans leur vie en général »....*
Parmi eux, 15 redoutent avant tout l'échec scolaire dont semble dépendre la vie future.

---

[1] Citée par 94 parents, les mères y étant proportionnellement plus sensibles que les pères (14,94 % d'entre elles en parlent, ainsi que 8,60 % des pères).

Enfin, les parents craignent les manques, qu'ils soient imputables au fonctionnement de la vie sociale (*« Je redoute le manque de formation à la civilité et à la citoyenneté », « L'intolérance, le mépris de la différence et le manque d'ouverture »*), au contexte économique (*« le manque de moyens matériels »*), à un défaut d'interaction (*« Le manque de dialogue »*) ou à un rapport à soi (*« le manque de confiance en soi, le « mal - vivre » des enfants », « le manque d'enthousiasme »*).

Les sujets de préoccupation des parents ne manquent donc pas et leurs inquiétudes viennent confirmer, s'il en était besoin, que leur fonction leur fait endosser des responsabilités qui ne les laissent pas indifférents. Que leurs angoisses soient nécessaires, justifiées, dynamisantes ou paralysantes : voilà qui mériterait réflexion.

Rarement interrogés sur les questions qui les traversent parce que soupçonnés a priori d'indifférence et de laxisme, les parents sont « simplement » interpellés pour rendre compte des conséquences des mutations sociales (« mais que font donc les parents ? »). Excès d'honneur ou bien indignité ?
L'éducation est, rappelons le, une affaire à la fois privée et publique. La collectivité toute entière en est garante. Comme le dit M. Chauvière, on aurait tort de « dénoyauter et de revaloriser la seule responsabilité parentale » (…) « L'éducation donnée aux enfants varie selon deux critères principaux : l'état des rapports privé / public (ce qui contient la question des parents, des éducateurs, mais aussi de l'autorité sociale hors la famille comme l'école ou dans les loisirs par exemple) et le poids relatif des idéologies, des normes intégratives et régulatrices, et de leurs relais professionnels et institutionnels nécessaires. Dans les conditions d'aujourd'hui, il faut donc retrouver le chemin

d'une approche progressiste et dialectique de l'éducation à la vie»[1].

II - Le regard des jeunes

1. Ce qu'ils attendent de leurs parents :

Parmi les 1105 jeunes qui ont répondu au questionnaire, 918 ont dit ce qu'ils attendaient de leurs parents, avec un taux de réponse identique pour les garçons et les filles. Si un certain nombre d'entre eux a répondu à la question de façon brève : « *qu'ils m'aiment* », « *du soutien* », « *qu'ils se remettent ensemble* », « *un peu plus de liberté* », « *qu'ils soient fiers de moi* », ces formulations apparemment simples recouvrent des réalités complexes. D'autres ont listé ou développé une série d'attentes, relativement variées :
- « *Une éducation qui m'apporte un bon équilibre, apprendre la politesse, le respect. L'attention et l'écoute des parents demeurent également nécessaires* ».
- « *J'attends de mes parents qu'ils m'aiment, qu'ils m'offrent des cadeaux s'ils le peuvent, qu'ils m'aident en cas de problème, qu'ils me laissent faire certaines choses mais qu'ils m'interdisent ce qui n'est pas bien ou ce qui ne leur conviendrait pas* ».
- « *Une aide et une écoute en cas de besoin, le dialogue et de l'aide aux niveaux scolaire et personnel* ».
- « *Qu'ils m'épaulent jusqu'à ce que je sois enfin prêt à me prendre en charge tout seul, néanmoins en gardant un œil sur moi pour me remettre sur la bonne voie en cas de défaillance* ».

---

[1] Chauvière. (M.), « La famille, l'école et les autres », <u>Informations sociales</u>, n° 93, Educations : souci partagé, pratiques dispersées, 2001, p. 77.

- « *Qu'ils me comprennent, qu'ils me fassent confiance, me voient grandir et non rester enfant, qu'ils me donnent de temps en temps de l'argent de poche, qu'ils m'achètent plus de choses nouvelles comme des habits ou les chaussures que je désire* ».

On le remarquera, les attentes sont diverses et nombreuses et certains profitent de l'occasion pour formuler des critiques ou des remarques, même si ce phénomène reste marginal :
- « *Qu'ils arrêtent de me prendre la tête* ».
- « *Ils sont comme ils sont, mais qu'ils arrêtent d'avoir peur* ».
- « *J'attends qu'ils m'aiment plus* ».
- « *J'attends qu'ils ne me traitent plus comme un bébé* ».
- « *Je veux qu'ils me comprennent et qu'ils ne me jugent pas avant de m'avoir écouté, car les parents jugent très vite leurs enfants et disent qu'ils regrettent même de nous avoir eu comme enfants* ».
- « *Je veux qu'ils deviennent gentils et que mon père boive de l'eau* ».
- « *Qu'ils soient moins à cheval sur les notes scolaires, plus à l'écoute, et, quand ils sont en colère, qu'ils ne balancent pas tout ce qu'on leur a confié* ».
- « *J'aime bien quand ils prennent soin de moi, mais il ne faut pas qu'ils en abusent* ».

A la lecture de l'ensemble des réponses, on peut s'étonner du nombre de cas où les jeunes disent ne rien attendre de leurs parents. En effet, si on excepte les « *rien de spécial* », les « *je n'attends rien de mes parents parce que j'ai tout* », les « *je n'attends rien du tout de mon père, je peux tout lui confier. Il fait le rôle de ma mère en même temps. Je l'admire, il est remarquable et m'aide pour tout ce que je lui demande* » et les « *Je n'ai rien à attendre, c'est eux qui doivent attendre de moi* », 64 jeunes disent ne rien attendre de leurs parents. Le résultat est, certes, peu élevé[1], mais il ne peut manquer de questionner les rapports existant entre parents et enfants, d'autant que ceux qui ont répondu ne manquent pas d'évoquer des attentes, qu'elles soient ou non satisfaites.

Si l'on se penche sur l'ensemble des réponses formulées, on s'aperçoit que, dans plus d'un cas sur quatre, les enfants attendent aide et soutien de la part de leurs parents[2] :
- « *De mes parents, j'attends qu'ils me laissent libre sur la manière de gérer mon travail, mais qu'ils puissent m'aider en cas de problèmes* ».
- « *J'attends que mes parents m'aident et me soutiennent dans les moments difficiles* ».
- « *Qu'ils fassent de moi un adulte responsable et pour cela, qu'ils me soutiennent quand j'en ai besoin (moralement) et qu'ils ne cherchent pas à ce que je leur ressemble* ».
- « *Qu'ils m'aident dans la vie comme ils le font maintenant* ».

Cette aide et ce soutien sont souvent associés à l'écoute, qui est citée 129 fois dans les réponses :
- « *J'attends de mes parents de l'écoute et de l'attention* ».
- « *Beaucoup d'écoute* ».
- « *Qu'ils soient à l'écoute des besoins et des problèmes de leurs enfants* ».
- « *Qu'ils soient beaucoup plus à notre écoute et qu'ils me posent plus de questions* ».

---

[1] Moins de 7 % des réponses exprimées.
[2] Les filles le manifestent davantage que les garçons (30,13 % des filles en parlent ainsi que 22,26 % des garçons).

- « *Qu'ils soient un peu plus à l'écoute et plus compréhensifs. Qu'ils arrêtent de porter des jugements systématiques* ».

Qu'elle soit effective ou souhaitée, l'écoute fait partie des attentes essentielles des enfants vis à vis de leurs parents, les filles y étant plus sensibles que les garçons [1].

Le terme d'éducation est aussi souvent utilisé par les jeunes pour décrire ce qu'ils attendent de leurs parents [2]. Généralement, ce terme est associé au qualificatif « *bon* » et est rarement développé. Un garçon précise qu'il s'agit d'une « *éducation qui m'apporte un certain équilibre, qui m'apprenne la politesse, le respect* ».

Pour les autres, une « *bonne éducation* » signifie :
- « *De nous éduquer convenablement* ».
- « *Une bonne éducation et la découverte de la vie* ».
- « *Qu'ils me donnent une bonne éducation pour qu'on puisse entamer notre vie d'adultes sur de bonnes bases* ».
- « *Nos parents doivent nous éduquer le mieux possible tout en nous laissant notre vie privée et notre intimité* ».

Les enfants réclament aussi de l'amour de la part de leurs parents [3] :
- « *Qu'ils me soutiennent et m'aiment de tout mon cœur* ».(sic)
- « *Je n'attends rien qu'un peu plus d'amour* ».
- « *Je voudrais qu'ils puissent m'écouter, essayer de me comprendre, m'aimer (comme je suis), qu'ils m'aident si possible, et qu'ils comprennent que je les aime (mon père surtout)* ».

---

[1] 17,38 % des filles et 7,74 % des garçons mentionnent l'écoute.
[2] 106 parlent d'éducation et ce sont les garçons qui s'expriment proportionnellement le plus à ce sujet puisque 16,13 % en parle alors que les filles le font dans des proportions moindres (9,11 %).
[3] 98 d'entre eux l'évoquent dans leurs réponses, soit 12,91 % des filles et 8,39 % des garçons.

- « *Je ne vis plus chez mes parents, mais le minimum, c'est de montrer son amour à son enfant* ».

La compréhension puis la confiance viennent ensuite [1], sans précision particulière. Quelques réponses cependant laissent apparaître un passif :
- « *J'attendrais un minimum de compréhension et un peu de liberté* ».
- « *Qu'ils aient plus confiance en nous* ».

Pour les jeunes comme pour les parents, les études sont un moment important de leur vie et une promesse d'avenir. 46 d'entre eux mettent, en effet, l'accent sur les études et sur l'école pour parler de ce qu'ils attendent de leurs parents :
- « *Du soutien dans nos études et qu'ils soient toujours derrière nous pour nous pousser à réussir* ».
- « *Qu'ils m'aident à réussir mes études et me soutiennent* ».
- « *Qu'ils me soutiennent dans mes études et lorsque j'ai un problème, qu'ils m'écoutent pour me conseiller* ».

On notera que les termes de limites, repères ou interdits ne sont cités que par 5 jeunes au total.
De même, la question de la sécurité n'est que rarement abordée. Quatre jeunes filles seulement y font référence, ce qui tendrait à penser que c'est aux institutions extérieures à la famille que les jeunes attribuent leur protection, à moins que la question de l'insécurité dont on parle tant soit moins criante pour eux qu'on veut bien le laisser entendre.

---

[1] Citées simultanément par 55 puis 47 jeunes.

2 - Le parent qu'ils aimeraient être :

Afin de compléter la connaissance des attentes que les jeunes pouvaient avoir à l'égard de leurs parents, il leur a été demandé de s'imaginer en tant que future mère ou futur père et de décrire comment ils souhaitaient être. 901 jeunes se sont donc mis en situation pour répondre à la question [1].

Les réponses à cette question sont parfois brèves (« *un père cool* », «*une mère attentive* »), mais elles sont le plus souvent développées, faisant apparaître plusieurs aspects qui semblent compter pour les jeunes :
- « *En tant que mère, j'aimerais être toujours là pour mes enfants, surtout au niveau scolaire, mais je voudrais leur laisser prendre quelques décisions, les laisser se débrouiller* ».
- « *Donner la meilleure éducation pour mon enfant : ne pas voler, ne rien casser, ne pas se droguer* ».
- « *Compréhensive, suffisamment raisonnable au niveau de la tolérance. J'insisterai sur le respect des autres et lui apprendrai à régler ses problèmes autrement que par la violence* ».
- « *Etre une mère responsable, attentive, et surtout être complice avec mes enfants, afin qu'ils puissent me parler sans tabou de leurs problèmes* ».
- « *J'aimerais être un bon père et un père exemplaire pour mes enfants, et être plutôt autoritaire pour qu'ils ne grandissent pas dans un mauvais chemin* ».

---

[1] Le taux de réponse des filles s'est révélé supérieur à celui des garçons puisque 85,32 % d'entre elles ont répondu à la question, ce qui a été aussi le cas de 76,70 % des garçons.

Par ailleurs, les réponses apportées se caractérisent par une grande variété :
- *« Ça dépend du caractère de l'enfant, pardi ! »*
- *« Une mère digne ».*
- *« C'est à Dieu de décider ».*
- *« Etre gentil et câlin ».*
- *« Je ne veux pas avoir d'enfant ».*
- *« Je laisserai mes enfants en liberté, ils ne seront pas gâtés et je ferai en sorte qu'ils ne soient pas des imbéciles ».*
- *« J'aimerais être gentil, heureux, riche, généreux. La liberté, quoi ! ».*
- *« J'aimerais tout d'abord élever mes enfants avec mon mari, et les élever correctement, avec pas mal de liberté. J'aimerais être une mère « cool » pour mes enfants mais je n'aimerais pas être une mère « froide » ou une « mère poule » ».*
- *« Je ne laisserai pas tout faire comme se droguer. Je ne serai pas comme mes parents, je serai plus contente et je ne leur dirai pas : « vous ne sortirez pas dehors ou vous n'avez pas à manger » ».*

Si quelques jeunes déclarent fermement ne pas vouloir être comme leurs parents (*« J'aimerais être une mère attentive à 100 % à mes enfants, être à l'écoute, pouvoir être avec eux comme on ne l'a jamais été pour moi »*, *« En tout cas, pas comme mes parents. Je voudrais être un modèle pour mes enfants »*), 56 d'entre eux souhaitent suivre l'exemple qu'ils ont connu :
- *« Un père comme le mien : sympathique, attentionné, à l'écoute des gens ».*
- *« Je voudrais être avec mes enfants comme mes parents l'ont été avec moi ».*
- *« Comme mes parents maintenant : encadrer le mieux possible mes enfants, suivre leur scolarité, leur donner une très bonne éducation ».*

Parmi les termes qui sont cités le plus souvent, on voit que les parents « rêvés » sont attentifs à leurs enfants (145 réponses font état de cet adjectif), et ce sont surtout les filles qui mettent en avant cette qualité [1] :
- *« J'aimerais être une mère attentive à l'égard de son enfant, toujours à l'écoute et aussi toujours à ses côtés, pour qu'il ne déraille pas sur le mauvais chemin. Notamment, je ferai très attention à ses fréquentations et lui imposerai des règles ».*
- *« Un père attentif qui attend des résultats scolaires corrects de ses enfants ».*
- *« Attentive et sympa, mais respectée et obéie ».*

Le parent idéal est aussi gentil (115 réponses en font état), et ce sont surtout les plus jeunes qui évoquent cette qualité.
- *« Etre une mère gentille, avec une bonne situation ».*
- *« Attentive, gentille, sérieuse et compréhensive ».*
- *« Une mère gentille mais obéissante »* (sic).
- *« Plus tard, j'aimerais être une mère à l'écoute de ses enfants, une mère exemplaire et surtout gentille ».*
- *« Une mère exemplaire, qui montre à ses enfants qu'elle les aime, qui les conseille et les écoute dans toutes les situations. Une mère que ses enfants respectent, et qui lui obéissent malgré sa gentillesse ».*

Cette gentillesse dont il est beaucoup question dans les réponses n'exclut pas une certaine sévérité [2] :

---

[1] 18,76 % d'entre elles l'évoquent ainsi que 11,39 % des garçons.
[2] La sévérité est d'ailleurs prônée dans 34 réponses, mais le terme est toujours atténué et associé à d'autres (« cool, mais sévère », « sévère, mais juste comme il faut » , « Je serai cool à des moments mais pas s'ils font des bêtises. C'est normal que je crierai dessus : je serai cool et sévère »). Deux réponses seulement affirment : « Je serai très sévère », sans commentaire.

- « *Je serai une maman très gentille, mais relativement stricte sur l'éducation* ».
- « *Un père médecin qui saura tempérer : gentil et méchant quand il faut* ».
- « *Un père normal, un père gentil et souvent sévère, un père solidaire* ».

Un autre terme est souvent utilisé par les jeunes pour décrire le père ou la mère qu'ils aimeraient être plus tard : l'écoute (citée 109 fois). Ici, filles et garçons se distinguent assez nettement [1] :
- « *Etre à l'écoute de mon enfant 24 heures sur 24 et le prévenir des dangers dans la vie courante* ».
- « *J'aimerais être plus tard un père qui est toujours à l'écoute de ses enfants, qui ne s'énerve pas pour des babioles* ».
- « *J'aimerais être un bon parent qui sache écouter et dialoguer, et qui soutienne son enfant dans ses décisions* ».
- « *J'aimerais pouvoir et savoir être à l'écoute de mes enfants. J'espère que je les aiderai pour tout ce qu'ils entreprendront. Un enfant a besoin de ses parents, même quand il est plus vieux* ».
- « *Pas parfait, mais à leur écoute, avoir ce qu'il faut d'autorité (ni trop, ni pas assez), savoir les protéger et les aider à se défendre (pour qu'ils ne se fassent pas marcher sur les pieds) et ne pas être trop affectueux, ni pas assez* ».

44 jeunes disent vouloir faire preuve d'autorité, même si cette affirmation est le plus souvent tempérée :
- « *Une mère compréhensive, tolérante, avec un peu d'autorité et affective, qui ne frappe pas ses enfants pour rien* ».

---

[1] 14,97 % des filles souhaitent être à l'écoute de leur enfant ainsi que 6,65 % des garçons.

- « *Je serai une mère un peu autoritaire car l'autorité arrange les choses : un enfant qui n'est pas éduqué petit ne le sera jamais* ».
- « *Qui a de l'autorité et de l'affection pour ses enfants* ».
- « *Un père autoritaire mais pas trop sévère* ».

54 jeunes affirment vouloir donner une « bonne éducation » à leurs enfants, plus tard :
- « *J'aimerais donner la meilleure éducation possible à mes enfants, je voudrais être le meilleur des pères* ».
- « *J'aimerais être courageux, bien éduquer mes enfants, et être heureux comme tout le monde* ».
- « *Bien les éduquer et une baffe quand ils diront une insulte* ».
- « *Je voudrais un bon job pour assurer un bon avenir à mon enfant ou bien pouvoir lui offrir une éducation extraordinaire (ex : vie en Afrique). En fait, pas une éducation banale. Et puis, on verra bien* ».

Futurs parents attentifs, gentils, à l'écoute mais pas dépourvus d'autorité, voilà ce que les jeunes disent vouloir être plus tard. Alors qu'ils attendent surtout aujourd'hui de leurs propres parents, aide, soutien, écoute et compréhension, on constate un décalage entre la manifestation de leurs besoins actuels et de leurs engagements futurs, celui-ci témoignant, en grande partie de la difficulté à se projeter dans un avenir encore lointain.

III - Parents et jeunes : regards croisés sur l'éducation

Ce qui frappe dès la première lecture des résultats des questionnaires, c'est la grande homogénéité qui se dégage de la comparaison entre les propos des parents et ceux des jeunes. En effet, quel que soit le type de question et sans rentrer encore dans le détail des réponses, parents et jeunes émettent globalement le même avis dans 4 cas sur 5. On le verra, parents et enfants sont plus souvent en accord qu'en désaccord dans le domaine de l'éducation. Il s'agit là d'un élément non négligeable qui contraste avec tous les discours sur le conflit des générations.

1 - Les incidences de la composition familiale sur l'enfant.

Depuis les débuts de l'intervention de l'Etat dans les familles, nombre de discours ont évoqué les failles réelles ou supposées des parents et de la structure familiale afin d'expliquer les phénomènes « nouveaux » auxquels la société était confrontée. C'est ainsi qu'à la fin du XIXe siècle, face aux conditions de vie désastreuses de certaines familles, on évoquait les tares et le relâchement moral des parents pour expliquer la misère. Alors qu'elles ont été longtemps le symbole de la famille traditionnelle, les familles nombreuses[1] sont devenues ensuite synonymes de « familles à risque »[2]. Le travail féminin, facteur d'émancipation, a pu alimenter les discours de ses détracteurs qui le liaient à la montée de la délinquance. Le divorce des parents a aussi largement été interprété en ce

---

[1] Dans l'esprit de la plupart des « entrepreneurs de morale », le terme de famille nombreuse sous-entend « de milieu populaire ».
[2] Pour reprendre un terme utilisé, avec plus ou moins de succès et de réactions, depuis les années 70.

sens. Plus récemment, ce sont les familles monoparentales et les familles recomposées qui nourrissent de nombreux fantasmes, permettant d'expliquer pêle mêle toxicomanie, violence et incivilités.

Rassurons-nous, ces débats ne sont pas une spécialité française. Ils débordent largement les frontières et Irène Théry le rappelle dans son introduction au démariage : « Souvenons-nous des émeutes de Los Angeles en avril 1992. La première réaction des autorités américaines fut de désigner la famille noire destructurée comme la responsable de la désocialisation de ses enfants. Quand, à Liverpool en février 1993, atrocité des atrocités, crime rarissime entre tous, deux enfants en tuent un autre, la famille pauvre désunie est donnée immédiatement comme facteur numéro un de la criminalité. La tentation du retour rampant à l'ordre moral n'est pas si loin qu'on le croit, quand l'individu privé devient l'exutoire de toutes les impasses collectives. (…) Ce qui l'emporte en définitive est un fatalisme désenchanté, moralisateur, culpabilisé, indifférent. Non sans risque pour la démocratie : les intégrismes s'alimentent d'abord de la détresse du sens »[1].

On peut affirmer que les mutations de la famille contemporaine ont entraîné de vives inquiétudes chez les psychologues et autres théoriciens qui y ont vu un risque d'effritement des repères habituels de l'enfant au cours de son développement, avec tous les effets néfastes qui pourraient en découler. Ces angoisses se sont vite croisées avec les craintes de ceux qui ne reconnaissaient comme modèle que celui de la famille bourgeoise et catholique et tremblaient de lui en voir substituer un autre, moins en phase avec leur milieu et leur idéologie.

---

[1] Théry. (Irène.), <u>Le démariage. Justice et vie privée</u>, Paris, Odile Jacob, 1993, pp. 8-9.

Comme le précise Laurent Mucchielli dans un rapport réalisé en 2000 pour le compte de la Caisse Nationale des Allocations Familiales, « le modèle de la famille nucléaire fondée sur le mariage, le travail du père et l'éducation des enfants par la mère, est un modèle qui n'a vécu que peu d'années (en gros dans les années 50) en tant que norme statistique totalement dominante » [1].

Les travaux qu'il a pu mener nous amènent à « abandonner l'idée d'une influence des formes de la famille pour s'intéresser à la qualité des relations interindividuelles au sein de la famille, que cette dernière soit ou non complète »[2]. A l'analyse des résultats des différents travaux sur le sujet, il apparaît sans ambiguïté que « si les divorces, séparations, situations familiales monoparentales et recomposées, constituent à n'en pas douter des sources de souffrances, d'angoisses et d'incertitudes multiples, il n'existe aucun lien direct entre ces souffrances, ces angoisses ou ces incertitudes et les comportements que constitue ce que l'on appelle la délinquance. Une seule exception à cette règle : la consommation de drogue, dont on admettra aisément qu'elle n'est délinquance qu'en vertu de l'interdiction légale de consommer, mais qu'elle ne constitue pas en soi un trouble à l'ordre public ou une quelconque atteinte à la vie ou à la propriété d'autrui. La signification première de la sur-représentation des enfants des familles dissociées parmi les consommateurs de drogue demeure sans doute plutôt celle d'un mal-être moral personnel».[3]

---

[1] Mucchielli. (Laurent.), « Familles et délinquances, Un bilan pluridisciplinaire des recherches francophones et anglophones », Rapport CNAF : CESDIP, n° 86, 2000, p. 24.
[2] Déjà cité, p. 30.
[3] Déjà cité, p. 77.

En référence aux débats qui traversent encore et toujours notre société à propos de la famille, on ne s'étonnera pas de constater que, parmi ceux que nous avons pu interroger, près de 8 parents sur 10 avancent l'idée selon laquelle « si le couple va bien, les enfants vont bien », les hommes étant plus catégoriques que les femmes à ce propos. Ce sont les parents mariés[1] qui véhiculent le plus fortement cette idée, et les parents célibataires et divorcés ou séparés qui y sont le plus hostiles [2]. Alors que toutes les autres catégories socio professionnelles y sont très favorables, les cadres et professions intellectuelles supérieures de même que les professions intermédiaires sont nettement plus nuancés sur la question de l'influence de l'entente du couple sur les enfants [3].

Au moment où les discours ambiants s'évertuent à stigmatiser les familles monoparentales, on peut s'étonner de ne pas repérer trop leurs effets dans les propos des parents comme des jeunes. 57,42 % des parents et 60,20 % des jeunes estiment qu'une « famille monoparentale n'est pas, plus qu'une autre, sujette à problèmes ». Ce sont les jeunes filles qui prennent le plus de distance alors que les hommes, et surtout les pères, sont plus interrogatifs. On voit par ailleurs que la situation personnelle influe sur les réponses dans la mesure où les jeunes vivant avec un seul de leurs parents ainsi que les parents isolés affirment

---

[1] 45, 22 % se disent « tout à fait d'accord » et 36,58 % « plutôt d'accord ».
[2] 34,85 % des premiers et 26,21 % des seconds sont en désaccord avec cette proposition.
[3] Alors que les cadres et professions intermédiaires sont plutôt d'accord pour affirmer que la bonne entente du couple a une influence favorable sur les enfants (56,60 % et 54,19 %), les autres catégories se prononcent plus massivement comme « tout à fait d'accord » (entre 45 et 63 %).

nettement que la situation qu'ils connaissent n'est pas, plus qu'une autre, sujette à problème.[1]

Concernant les effets éventuels du divorce des parents sur le comportement des enfants, les jeunes comme les parents s'accordent à les mettre en question. En effet, 52,34 % des jeunes et 57,09 % des parents ne sont pas d'accord pour dire que « les enfants de parents divorcés ont plus de problèmes de comportements que les autres ». Si l'on y regarde de plus près, on s'aperçoit que cette position est essentiellement féminine : qu'ils soient pères ou fils, les hommes s'inquiètent plus des effets des divorces que les femmes, qu'elles soient mères ou filles [2]. Les parents divorcés ou séparés (de même que leurs enfants [3]) sont ceux qui s'éloignent le plus des propos alarmistes, à l'opposé des personnes mariées [4].

---

[1] 68,84 % des jeunes vivant avec un seul parent défendent la position énoncée ci-dessus (parmi lesquels 40,93 % sont « tout à fait d'accord ») ainsi que 72,13 % des parents sans conjoint (dont 49,18 % sont « tout à fait d'accord »).

[2] 51,65 % des pères et 55,25 % des fils parlent d'un effet du divorce sur le comportement des enfants alors que 60,23 % des mères et 56,74 % des filles le récusent.

[3] Il convient de rester prudent à ce propos dans la mesure où nous regardons ici les jeunes qui ne vivent pas avec leurs deux parents, mais pas forcément suite à un divorce ou à une séparation. Cependant, c'est chez les jeunes vivant avec l'un de leurs parents (avec ou sans nouveau conjoint) que l'on trouve le plus d'opposition à la formulation proposée (3 à 4 sur 10 ne sont « pas du tout d'accord » pour affirmer que « les enfants de parents divorcés ont plus de problèmes de comportements que les autres ».).

[4] 40,85 % des personnes divorcées ou séparées ne sont « pas du tout d'accord » avec la proposition alors que c'est le cas de 18,10 % des personnes mariées.

Les familles recomposées, quant à elles, laissent peser plus de craintes[1] et ceci se retrouve légèrement plus chez les hommes que chez les femmes, et surtout sensiblement plus chez les jeunes[2] que chez les parents. C'est ainsi que 61,63 % des jeunes et 73,71 % des parents pensent qu' « un enfant qui vit dans une famille recomposée a des difficultés à trouver ses repères ». Le fait de connaître personnellement cette situation ne semble pas avoir d'influence sur la réponse apportée, si ce n'est que les jeunes vivant avec un de leurs parents et son conjoint sont plus nombreux que les autres à rejeter l'idée qu'un enfant qui vit dans une famille recomposée a des difficultés à trouver ses repères [3]. Les parents mariés sont, eux, nettement plus catégoriques que les autres et craignent des difficultés pour les enfants [4].

Signalons par ailleurs que plus le nombre d'enfants dans la famille est élevé, et plus les parents redoutent les effets des recompositions familiales.

Divorces et recompositions familiales semblent renvoyer, chez un certain nombre de personnes, aux mêmes peurs. Chez les jeunes comme chez les parents, on peut constater une forte corrélation entre les avis portés sur ces deux thèmes. En effet, ceux qui craignent les effets du divorce des parents sur le comportement des enfants sont aussi

---

[1] 61,63 % des jeunes et 73,71 % des parents pensent qu' « un enfant qui vit dans une famille recomposée a des difficultés à trouver ses repères ».
[2] Avec une différence de 10 %.
[3] Ils sont 12 % (contre 7,87 % des jeunes vivant avec leurs deux parents) à ne pas être du tout d'accord avec l'idée que l'enfant aurait des difficultés à trouver ses repères.
[4] Nous devons cependant rester prudents quant à l'interprétation de ces résultats, cette catégorie pouvant englober également les situations de remariage, et donc de familles recomposées.

ceux qui pensent qu'un enfant a des difficultés dans une famille recomposée. On peut noter que les craintes légitimes de perturbations liées aux ruptures ou aux recompositions familiales entraînent, chez les parents et chez les jeunes, moins de positions tranchées qu'on ne pouvait s'y attendre. Habitués aux discours des politiques et de divers professionnels, relayés par les médias, nous pensions constater la reprise de certaines idées toutes faites.

Les opinions émises par les parents et les jeunes sur les incidences de la composition familiale semblent exprimer une adaptation réaliste des uns et des autres aux situations vécues ou côtoyées, et attester d'une prise de recul vis à vis des a priori négatifs envers les structures familiales qui s'écartent de la norme.

2 - Les échanges dans la famille :

Alors qu'ils considèrent qu'ils doivent tout savoir sur leur enfant [1], les parents pensent que leurs propres problèmes ne regardent pas leurs enfants [2]. Ces derniers soutiennent, eux, la position inverse [3]. On peut noter que dans les deux échantillons, les hommes sont toujours plus nombreux que les femmes à instaurer une barrière entre le monde des adultes et celui des enfants. S'agit-il d'une volonté de préserver davantage les enfants, de distinguer les responsabilités des uns et les devoirs des autres, de sauvegarder sa liberté ou ses privilèges... ? Cette position

---

[1] 66,25 % sont d'accord sur ce point.
[2] 58,27 % des parents sont de cet avis. Parmi les parents qui souhaitent tout savoir sur leur enfant, 70,45 % estiment, dans le même temps, que les problèmes des parents ne regardent pas les enfants.
[3] 56,26 % des jeunes estiment que les parents n'ont pas à tout savoir sur leur enfant, et 55,31 % s'opposent à l'idée selon laquelle « les problèmes des parents ne regardent pas les enfants ».

relative à ce qui est su et dit est à mettre en lien avec l'importance du dialogue entre parents et enfants qui fait presque l'unanimité dans les deux échantillons[1]. Ce sont les mères qui sont les plus nombreuses et les plus catégoriques : 98,46 % jugent le dialogue primordial (parmi lesquelles 92,08 % sont « tout à fait d'accord »). Les garçons qui le sont proportionnellement le moins convaincus de l'importance des échanges.

Il serait intéressant cependant de savoir ce que chacun met derrière le dialogue qui est, ici, plébicité. En effet, au détour d'une autre proposition, la confrontation des idées semble, elle, perçue comme source de problèmes, surtout par les jeunes. Ainsi, 48,85 % des parents et 56,52 % des jeunes estiment que la confrontation des idées doit être limitée au sein de la famille pour éviter les conflits. Les avis sur cette question sont très partagés[2] aussi bien chez les pères et les mères que chez les fils et les filles, et quelle que soit la situation matrimoniale des parents. On repère cependant une distinction en fonction du milieu social : les ouvriers semblent moins à l'aise face à l'éventualité de débats d'idées au sein de la cellule familiale [3] alors que les cadres ont une position différente [4], comme si la pratique sociale des échanges était plus familière à cette catégorie sociale.

---

[1] 93,22 % des jeunes et 98,55 % des parents le jugent primordial et on ne repère aucune différence significative selon le milieu social ou la situation matrimoniale des parents.
[2] Les personnes interrogées se répartissent, en effet, assez équitablement dans les catégories « Tout à fait d'accord », « Plutôt d'accord », « Plutôt pas d'accord », et « Pas de tout d'accord ».
[3] 40 % d'entre eux sont « tout à fait d'accord » pour limiter cette confrontation.
[4] 31,79 % des professions intermédiaires et 46,23 % des cadres et professions intellectuelles supérieures n'étant « pas du tout d'accord » avec la limitation des échanges.

Si le dialogue est souhaité par tous, on peut se demander s'il donne toujours lieu à un réel échange, car la parole des parents et celle de l'enfant ne semblent pas revêtir le même intérêt. La parole privilégiée semble être celle de l'enfant et chacun s'accorde à dire qu'elle doit être prise au sérieux [1].

On sait que l'enfance n'a pas toujours été reconnue comme une période de la vie à part entière et qu'elle a été longtemps marquée par la soumission, l'incapacité et le silence. Etymologiquement, le terme « enfant » vient du latin « infans » qui désigne « celui qui ne parle pas ». Aujourd'hui, notre société se préoccupe de l'intérêt de l'enfant qui est valorisé, qui doit être protégé et à qui on reconnaît désormais des devoirs, certes, mais aussi des droits. La parole de l'enfant est maintenant sollicitée, écoutée, respectée, et de nouvelles pratiques ont vu le jour, qu'elles soient familiales, professionnelles ou sociales. Cette reconnaissance de la parole de l'enfant ne va pourtant pas de soi, et nombre d'adultes sont déstabilisés ou inquiets à propos de la prise en compte de cette parole. Comment la recueillir ? Que faut-il en faire ? La « vérité » sort-elle de la bouche des enfants ? Que doit-on croire ? Quelle place cette parole confère-t-elle à l'enfant et, par là même à l'adulte ? Autant de questions qui se posent et qui attestent d'évolutions sensibles dans les mentalités comme dans les pratiques.

Dans notre enquête, ce sont les mères qui affirment le plus vigoureusement que « ce que dit un enfant doit être pris au sérieux »[2]. Si cette position est assez largement partagée, on trouve cependant quelques nuances en se penchant sur

---

[1] 85,85 % des jeunes et 89,19 % des parents estiment que « ce que dit un enfant doit être pris au sérieux ».
[2] Parmi les 90,85 % des mères favorables à cette position, 50,79 % sont « tout à fait d'accord ».

la catégorie socio professionnelle de la personne qui se prononce car les artisans, commerçants, chefs d'entreprise et ouvriers restent les plus sceptiques.

Si le droit de parler est bien reconnu à l'enfant, on peut dire que l'écoute dont il bénéficie n'est pas sans nuance et que le débat que nous venons d'évoquer n'est pas clos. En effet, si les parents semblent, dans leur majorité, prêts à entendre ce qu'exprime l'enfant [1] (même si cela ne présume en rien de la réponse qui pourra en découler), on remarque que les parents qui estiment devoir prendre au sérieux ce que dit l'enfant sont aussi ceux qui ne voient pas de danger à l'écouter [2].

Les jeunes se méfient davantage des effets d'une écoute trop attentive, et prennent moins au sérieux ce que dit l'enfant. 57,53 % de ceux qui estiment ne pas devoir prendre au sérieux ce que dit un enfant, pensent qu'à « trop écouter un enfant qui se plaint, on en fait un froussard ». On peut penser qu'ils défendent une conception de l'éducation basée sur des rôles fixés et des comportements déterminés. Ainsi, l'autorité de l'adulte et l'obéissance de l'enfant doivent permettre l'intériorisation des normes et assurer la sécurité grâce à un cadre strict, et favoriser l'autonomie grâce à la capacité de l'individu à se soumettre tout en résistant (mais pas ouvertement), et à attendre le moment légal de pouvoir enfin voler de ses propres ailes. La dynamique relationnelle instaurée dans la famille est alors celle du « dévouement inconditionnel et de la toute puissance parentale » [3] et laisse peu de place à la négociation, à la parole et à la motivation de l'enfant.

---

[1] 59,48 % d'entre eux.
[2] 60,44 %.
[3] Selon les propos de Jean Kellerhals dans l'article : « Le style éducatif des parents et l'estime de soi des adolescents », <u>Revue Française de Sociologie</u>, XXXIII, 1992, p 315.

On trouve cependant, à travers les positions énoncées, un balancement et parfois un mélange entre deux styles éducatifs pourtant distincts : celui qui est basé sur le contrôle interne, la contrainte, l'interdiction, et celui qui insiste sur la négociation, l'explication, et la confrontation à l'extérieur.

On sait qu'il existe une diversité de genres relationnels au sein des familles. Ainsi, dans une étude menée en Suisse dans les années 90, l'équipe de recherche de Jean Kellerhals distinguait quatre types de cohésion familiale :

- Les familles du type *parallèle* dans lesquelles l'autonomie de chacun des membres est importante. « Le groupe est casanier, replié sur soi, ne recherche pas les contacts extérieurs. Mais à l'intérieur de la famille, chacun a ses territoires, son destin : les activités ne sont pas communes, les rôles sont différenciés, les domaines d'intérêt ne se recoupent guère » [1].

- Les familles du type *bastion* sont fusionnelles et peu ouvertes sur l'extérieur. « Le repli sur le groupe est perçu comme souhaitable, les contacts externes vécus comme frustrants ou dangereux ».

- Les familles du type *compagnonnage* sont également fusionnelles pour ce qui concerne la communauté familiale, mais ouvertes sur l'extérieur. Les contacts avec l'extérieur sont privilégiés et sont l'occasion « d'enrichir les relations internes, de permettre le dialogue, la communication ».

- Les familles du type *association* se caractérisent par une grande ouverture au monde extérieur, et une

---

[1] Déjà cité, p. 316.

grande autonomie de chacun des membres dans la mesure où, contrairement à ce qui se passe dans le cas précédent, tout n'est pas rapporté à la famille. « Elles mettent l'accent sur la spécificité et l'indépendance des individus, dont le destin n'est qu'en partie assujetti au couple ou à la famille ».

Ces différents types de fonctionnement ont assurément des incidences sur les pratiques des parents et sur les comportements des enfants. Certains feront appel à la contrainte et à l'injonction, d'autres à l'information et à l'explication, d'autres encore à des valeurs supérieures mettant en jeu la moralisation quand ils ne mobiliseront pas un mélange des styles.

Cependant, dans les propos tenus, une grande place est faite, par tous, à l'explication des règles. Les jeunes, et plus encore les parents estiment que les règles doivent toujours être expliquées aux enfants [1]. On ne s'étonnera pas que ceux qui s'opposent à cette idée sont majoritairement ceux qui considèrent qu'à la maison, « un enfant n'a pas à discuter, il doit obéir ». Chez les parents, les mères sont, encore plus que les pères, sensibles à la nécessité d'expliquer [2] et on peut remarquer que, plus le nombre d'enfants est élevé, et moins la nécessité d'expliquer les règles est mise en avant.

Pour les jeunes, si les différences sont peu sensibles entre les sexes, on peut cependant noter que plus leur âge augmente et moins ils considèrent important que les règles soient expliquées [3]. On peut aussi supposer que les

---

[1] C'est le cas de 92,31 % des jeunes et de 97,05 % des parents.
[2] 65,04 % des pères et 73,89 % des mères sont « tout à fait d'accord ».
[3] Si aux alentours de 12 ans, 89,47 % des jeunes sont « tout à fait d'accord », à 17-18 ans, ils ne sont plus que 47,41 % à être du même avis.

adolescents ont intégré « les règles du jeu » familial. Ce résultat ne peut manquer d'interroger dans la mesure où, à l'inverse, plus ils sont jeunes et plus ils pensent que l'enfant, à la maison, ne doit pas discuter, mais obéir.

3 - La réussite scolaire et l'insertion sociale :

L'importance de l'école est reconnue par une immense majorité qui met l'accent sur la nécessité d'obtenir des diplômes pour favoriser l'insertion professionnelle (88,46% des parents et 85,57 % des jeunes[1]) et qui affirme que « bien travailler à l'école, c'est assurer son avenir » (98,55 % des parents et 98,19 % des jeunes). On peut d'ailleurs noter une plus grande confiance en l'école dans les classes populaires, tant chez les jeunes que chez les parents qui sont tout à fait d'accord avec cette position [2], alors que les cadres et professions intermédiaires, de même que leurs enfants sont moins affirmatifs [3] et s'estiment plus massivement « plutôt d'accord » [4].

La réussite, qu'elle soit scolaire ou professionnelle, est mise en avant dans les réponses aux questions ouvertes, par nombre de jeunes (« *J'attends de mes parents qu'ils m'aident dans la vie, pour que j'aie un bon travail* » ; « *Qu'ils me conduisent sur une bonne voie pour avoir un bon avenir* ») et surtout de parents (« *Je voudrais qu'il décroche son diplôme et qu'il puisse continuer ses études pour sa vie future* » ; « *Je souhaite sa réussite scolaire et*

---

[1] Les filles sont, à ce sujet, plus catégoriques que les garçons.
[2] C'est le cas de 83,57 % des enfants d'ouvriers, de 77,27 % des enfants d'employés ainsi que de 86,76 % d'ouvriers et de 79,22 % d'employés.
[3] Entre 58 et 60 % des parents cadres et exerçant des professions intermédiaires et 64 à 68 % des enfants des mêmes catégories.
[4] Entre 30 et 40 % d'entre eux.

sociale » ; *« Qu'ils réussissent dans la vie »* ; *« ce qui me tient le plus à cœur, c'est leur avenir, la réussite dans les études »* ...)[1].

La précarité reste un sujet de préoccupation et la majorité des personnes redoute une pérennisation des difficultés qui peuvent se présenter. Plus de 9 parents sur 10 montrent leur attachement au travail, même précaire. C'est chez les retraités, les parents n'exerçant pas d'activité professionnelle et les artisans que la solution du RMI est la moins fortement rejetée [2]. Les jeunes, pour leur part, dans les trois quarts des cas, affirment qu'il vaut mieux « toucher le RMI que d'accumuler les petits boulots » [3]. Les plus convaincus sont ceux dont le père est retraité [4] ou artisan [5].

La réussite sociale est l'un des objectifs de l'éducation et certains considèrent que tous les coups sont permis pour y parvenir. 41,37 % des parents et 41,34% des jeunes sont de cet avis. Ce sont les hommes [6] et les ouvriers [1] qui défendent le plus ce point de vue.

---

[1] La réussite est citée par 181 parents qui ont répondu à la question : «En tant que parent, qu'est-ce qui vous tient le plus à cœur dans l'éducation de vos enfants », l'école et les études sont évoquées 108 fois, le travail et l'insertion professionnelle : 24 fois.
[2] On trouve 22,72 % de retraités, 10,50 % de personnes sans activité professionnelle et 9,09 % d'artisans qui pensent que « mieux vaut toucher le RMI que d'accumuler les petits boulots ».
[3] Les garçons sont globalement plus nombreux que les filles à partager cet avis (27,43 % de garçons et 19,27 % des filles) et leur avis est plus favorable (12,72 % sont « tout à fait d'accord » contre 7,58 % des filles).
[4] 32,65 % d'entre eux sont d'accord avec la proposition.
[5] 26,42 %.
[6] Si 44,67 % des hommes considèrent que « pour réussir, il ne faut pas faire de sentiment », contre 31,07% des femmes, on trouve des proportions identiques chez les jeunes avec 46,7 % chez les garçons et 38,16% chez les filles.

Ce qui sépare les jeunes et les parents à propos de l'école, ce sont les opinions relatives aux exigences des professeurs. Si la majorité des parents estime que «aujourd'hui, les professeurs ne sont pas assez exigeants vis à vis des élèves» (57,51 %), 63,56 % des jeunes émettent un avis contraire. Ce sont d'ailleurs les filles qui s'opposent le plus à ce jugement [2] et le plus radicalement[3]. Cette exigence des professeurs n'étant pas précisée, on peut penser qu'elle concerne aussi bien le travail scolaire que l'ensemble du processus d'éducation et de socialisation. Sur ce dernier point, parents et enfants n'attribuent pas forcément à l'école les mêmes fonctions. Il semble que les parents attendent de l'école qu'elle instruise, mais aussi qu'elle éduque. En effet, une grande majorité d'entre eux estime que « les leçons de morale devraient faire partie du programme scolaire » (77,50 %) alors que les jeunes récusent cette idée (56,81% d'entre eux, parmi lesquels 30,93 % sont totalement hostiles).

4 - La responsabilité des parents :

Depuis plusieurs années, la notion de responsabilité s'est imposée avec force dans tous les discours concernant les parents, et on peut dire qu'elle n'est pas dénuée d'ambiguïtés. Inscrite dans les registres du droit mais aussi de la morale sociale, elle fait se croiser plusieurs champs et ne peut manquer de nous interroger sur la responsabilité sociale collective que suppose l'éducation des enfants, ainsi que sur les effets de l'intervention d'institutions et d'agents concernés par cette question.

---

[1] 62,69 % des ouvriers sont de cet avis alors qu'il est partagé par 34,35 % des employés et 18,35 des cadres et professions intellectuelles supérieures.
[2] 66,82 % des filles et 57,89 % des garçons.
[3] 27,18 % ne sont « pas du tout d'accord ».

Comme le soulignent Claude Martin et Armelle Debroise[1], « la logique d'intervention de l'Etat, depuis la Révolution Française, a consisté à faire en sorte que l'enfant soit protégé, tout d'abord de lui-même, avec la notion de minorité qui lui permet d'accéder à une forme d'irresponsabilité, mais aussi de ses parents, à qui l'Etat peut retirer l'autorité dans les cas où ils mettent l'enfant en danger. L'idée que les parents sont bien « naturellement » les premiers responsables, les premiers concernés par le travail pédagogique et la socialisation de leurs enfants est donc elle-même discutable et discutée depuis longtemps ». Ces auteurs font ainsi appel aux propos de François de Singly : « Le seul fait que des lois puissent limiter, dans les pays occidentaux, les interventions des parents, voire même leur retirer leur enfant, montre bien que c'est l'Etat qui, en dernière analyse, possède les enfants dont il confie, dans les conditions les plus ordinaires, la responsabilité à leurs parents biologiques »[2].

Cependant, les parents sont bien considérés comme responsables (et parfois même coupables) de l'éducation de leur enfant, et eux-mêmes se sentent incontestablement investis d'une mission dont ils doivent s'acquitter le mieux possible, pour que leur enfant s'insère socialement, et devienne lui même un adulte autonome et, à son tour, responsable. Les réponses aux questions que nous leur avons posées dans le cadre de cette enquête[3] nous ont bien montré leurs priorités et leurs préoccupations.

Si les parents comme les jeunes s'accordent à dire que « les parents sont responsables de ce que fait leur enfant »,

---

[1] Martin. (C.) et Debroise. (A.), « Le sentiment de responsabilité parentale », <u>Informations Sociales</u>, n° 73-74, 1999, pp. 115-116.
[2] De Singly. (F.) et Maunaye. (E.), « Le rôle et sa délégation » dans l'ouvrage collectif (sous la direction de J-C. Kaufmann), <u>Faire ou faire-faire ?</u>, Presses Universitaires de Rennes, 1995, p. 93.
[3] « En tant que parent, qu'est-ce qui vous tient le plus à cœur dans l'éducation de vos enfants ? » et « Que redoutez-vous le plus ? »

les premiers ont une forte conscience de leur responsabilité [1] que les enfants perçoivent moins [2]. Les pères affirment cette position avec force [3] et les jeunes filles sont plus réticentes [4]. Par contre, elles sont d'accord pour dire que « lorsqu'un enfant sort le soir, ses parents doivent savoir où il est, avec qui il est, et quand il rentre »[5].

Se considérant comme responsables, on ne s'étonnera pas du fort taux de parents qui estiment devoir surveiller les relations de leurs enfants [6]. Si tous s'accordent sur ce point, on remarque cependant que ce sont les parents des classes populaires qui sont les plus affirmatifs sur ce sujet[7].

Si les parents considèrent en majorité qu'ils doivent tout savoir sur leur enfant [8], les jeunes ne sont pas du même avis [9], et on trouve plus de jeunes très hostiles à cette idée que de parents [10]. On peut y voir le décalage entre une revendication à l'autonomie des uns et le sentiment de devoir tout maîtriser, des autres, qui peut être l'un des effets des exigences croissantes vis à vis des parents.

---

[1] 86,08 % évoque cette responsabilité, ce qui est aussi le cas de 68,28 % des jeunes. On ne repère pas de différence en lien avec le milieu social.
[2] 70,5 % des garçons et 66,76 % des filles.
[3] 59,27 % sont « tout à fait d'accord ».
[4] 37,87 % seulement sont « tout à fait d'accord ».
[5] Alors que les parents sont de cet avis à 97,65 %, les jeunes acquiescent à 89,14 % et les jeunes filles sont nombreuses (61,13 %) à être tout à fait d'accord.
[6] 96,32 % des parents et 74,72 % des jeunes.
[7] On note entre 13 et 18 % d'écart selon les catégories socio professionnelles s'estimant « tout à fait d'accord ».
[8] 66,25 % d'entre eux.
[9] 56,26 % manifestent leur désaccord.
[10] 19,05 % chez les jeunes et 7,58 % chez les parents.

Si les parents estiment massivement que leurs droits ne s'arrêtent pas à la majorité de leur enfant [1], les jeunes partagent aussi cet avis, mais dans des proportions moindres [2]. Plus ils s'approchent eux-mêmes de la majorité, et plus les jeunes reconnaissent les droits que leurs parents gardent à leur égard. Ce sont les garçons qui considèrent le plus que les droits des parents s'arrêtent lorsque leur enfant a atteint 18 ans [3], et leurs pères qui sont le plus opposés à cette idée.

5 - L'exercice de l'autorité :

La question de l'autorité est, de nos jours, souvent soulevée et l'objet de nombreux débats. Que ce soit à propos des parents ou encore à propos des enseignants, il n'est pas rare d'entendre parler de manque, voire de crise d'autorité.

La majorité des personnes interrogées considère que « l'autorité est la base de l'éducation » [4]. On peut dire qu'il s'agit là d'un point de vue plutôt défendu du côté masculin, par les pères comme les enfants [5], les mères et les filles étant plus souvent nuancées dans leurs réponses.

Si le terme d'autorité peut parfois être ambigu et ne pas recouvrir le même sens pour tous, il n'est pas anodin de remarquer que parmi les parents qui défendent fortement

---

[1] 90,94 % sont de cet avis, parmi lesquels 56,81 % sont « tout à fait d'accord ».
[2] 76,76 % d'entre eux.
[3] C'est l'avis de 30,96 % des garçons.
[4] C'est le cas des jeunes (69,39 %), comme des parents (70,62 %).
[5] 77, 54 % des pères sont de cet avis (parmi lesquels 43,26 sont « tout à fait d'accord ») et 72,48 % des fils. Les femmes (mères et filles) sont d'accord dans une proportion moindre (67,82 % et 67,75 %).

cette idée, 81,75 % d'entre eux estiment aussi qu' « à la maison, un enfant n'a pas à discuter. Il doit obéir » [1] et que 72,73 % estiment que « les punitions sont le moyen de se faire respecter en tant que parents » [2].
De même, plus on estime que « l'autorité est la base de l'éducation », et plus on soutient l'idée qu'« une bonne gifle remet bien souvent les idées en place ».

Les deux générations s'accordent pour affirmer que « les enfants attendent que leurs parents leur imposent des limites » [3], mais on peut dire que les parents [4] (et surtout les mères) sont nettement plus catégoriques que leurs enfants à ce propos. Elles sont, en effet, plus de la moitié à être « tout à fait d'accord » alors que leurs enfants (garçons comme filles) ne sont qu'un quart à défendre cette position.

Si parents et jeunes s'accordent, dans leur majorité, à rejeter l'idée de soumission absolue de l'enfant à ses parents, on peut remarquer des différences sensibles selon les sexes. Les hommes, quelle que soit la génération, optent plus souvent pour une obéissance sans discussion, les garçons étant encore plus catégoriques que leurs pères à ce sujet [5]. Qu'il s'agisse des parents ou des jeunes, c'est dans les catégories populaires (ouvriers, employés, sans activité professionnelle) que cette affirmation est la plus

---

[1] Précisons que, sur l'ensemble des parents qui se sont positionné par rapport à cette proposition, 31,87 % affirment leur désaccord.
[2] Globalement, 53,76 % des parents sont d'accord avec cette idée.
[3] C'est le cas de 84,35 % des parents et de 60,37 % des jeunes.
[4] Ce sont les Cadres et Professions Intermédiaires qui affirment le plus cette position.

[5] 44,71 % des garçons affirment qu' « à la maison, un enfant n'a pas à discuter. Il doit obéir ». C'est le cas également de 39,02 % des pères alors que les femmes (mères et filles) sont moins souvent affirmatives (29,24 % et 29,82 %).

fréquente [1]. On peut constater par ailleurs que plus le nombre d'enfants est élevé dans la famille, plus les parents affirment qu'un enfant ne doit pas discuter, mais obéir.

La question des punitions divise légèrement les deux publics, les parents considérant majoritairement que les punitions sont le moyen de se faire respecter [2] alors que les jeunes estiment que les parents n'en ont pas besoin pour atteindre cet objectif [3]. On peut dire que les premiers restent assez nuancés dans leurs réponses [4] mais, ici encore, on s'aperçoit que les réponses sont en lien avec la catégorie socio professionnelle [5] et le nombre d'enfants dans la famille. En effet, plus la famille est nombreuse, plus on souligne la nécessité des punitions. Il y aurait probablement lieu de s'interroger sur cette variable qui semble avoir une influence sensible sur les points de vue. Ainsi, plus les parents ont d'enfants, et plus ils estiment qu'une « bonne gifle remet bien souvent les idées en place ». Certes, cet avis n'est pas majoritaire puisque 61,40 % s'y opposent, mais on peut dire cependant qu'il est davantage partagé par les hommes que par les femmes[6], quel que soit leur âge [7] et qu'il distingue les classes populaires des autres.

---

[1] Atteignant 50 % des avis chez les ouvriers.
[2] 53,76 % d'entre eux.
[3] 61,05 %.
[4] Ils sont plus souvent « plutôt d'accord » que « tout à fait d'accord » et les femmes rejettent la proposition plus souvent que les hommes.
[5] Les cadres et professions intermédiaires rejetant massivement la proposition des punitions.
[6] On constate aussi que c'est chez les parents qui estiment que « c'est le père de famille qui doit faire respecter les règles à la maison » qu'on trouve la plus forte proportion de personnes « justifiant » la gifle.
[7] 45,68 % des pères soutiennent qu' « une bonne gifle remet bien souvent les idées en place » contre 35,73% des femmes, ainsi que 44,69 % des garçons contre 38,43 % des filles.

Marie ! Rentre à la maison !
Cesse d'embêter les garçons
Regarde ta poupée !!
Encore toute sale
Si ça continue je la range
au placard ! T'entends ?

Sanction !

La question des sanctions au sein de la famille peut nous amener à nous interroger sur leur fonction ainsi que sur leur efficacité. Ce dernier point méritera qu'on y revienne, mais il semble que pour bon nombre de personnes, l'exemplarité de la peine assure le respect de l'ordre établi en coupant court à toute velléité de rébellion. C'est ce qui sous-tend les discours sécuritaires et la référence à la tolérance zéro : s'il y avait plus de sanctions, il y aurait moins d'écart à la norme. Cette idée, régulièrement développée dans les discours politiques relayés par les media semble avoir fait son chemin puisqu'un peu plus de la moitié des parents et des jeunes affirme que « si les peines de prison étaient plus fréquentes et plus longues, il y aurait moins de délinquance » [1]. Ce sont les hommes, et en particulier les jeunes, qui affirment le plus cette position[2]. Cependant, on peut noter que les avis sont particulièrement partagés si l'on tient compte de l'âge et du sexe des personnes qui se sont prononcées. Par contre, le débat est nettement plus tranché lorsqu'on regarde les catégories sociales. Si les professions intermédiaires émettent des avis plus nuancés que les autres, les cadres et professions intellectuelles supérieures affirment leur différence en rejetant massivement la proposition d'une sanction pénale accrue [3]. Chez les jeunes, la profession du père semble aussi influer sur le discours tenu, puisque les enfants de cadres et professions intellectuelles supérieures prennent davantage leurs distances avec cette affirmation[4].

---

[1] 50,22 % des parents et 53,55 % des jeunes.
[2] 28,86 % des pères sont « tout à fait d'accord » ainsi que 30,10 % des garçons.
[3] C'est le cas pour 75,24 % parmi lesquels 40,95 % y sont totalement hostiles.
[4] 12,87 % seulement se disent « tout à fait d'accord ».

6 - La répartition des rôles hommes - femmes :

Concernant l'éducation des garçons et des filles, parents et enfants sont en léger désaccord, les premiers considérant que les garçons et les filles s'éduquent de la même manière [1], les seconds affirmant la position inverse [2]. Le débat reste cependant ouvert car les résultats ne sont pas diamétralement opposés. Ce sont les femmes (mères ou filles) qui défendent l'idée d'égalité de traitement entre garçons et filles et les jeunes garçons qui considèrent qu'il y a lieu d'opérer des distinctions [3].

Parents et jeunes s'accordent pour dire qu'une « mère devrait arrêter son travail quand ses enfants sont petits » [4], mais les principales intéressées sont nettement moins favorables à cette injonction que les hommes [5]. Par ailleurs, les cadres et professions intellectuelles supérieures manifestent la plus forte opposition à cette idée [6], avant les personnes exerçant une profession intermédiaire [7] et chez les artisans, commerçants et chefs d'entreprise [8]. C'est chez les classes populaires que la

---

[1] Pour 56,65 % d'entre eux.
[2] 56,76 %.
[3] Si l'on rassemble les réponses des parents et des jeunes, on voit que 53,35 % des femmes considèrent qu'un « garçon ou une fille s'éduquent de la même manière » alors que 59,1 % des hommes s'opposent à cette idée. Les jeunes garçons montrent leur désaccord avec la proposition à 64,88 %, 34,81 % y étant totalement opposés.
[4] 56,22 % des parents et 58,97 % des jeunes.
[5] 56,73 % des femmes et 65,84 % des hommes. Parmi ces derniers, les jeunes garçons atteignent 68,40%. C'est chez les femmes (et surtout les mères) que l'on trouve la plus forte opposition à cette idée puisqu'elle sont 23,51 % à ne pas être du tout d'accord alors que 13,76 % des hommes sont de cet avis.
[6] 78,15 % d'entre eux sont opposés à l'idée d'arrêt du travail des femmes.
[7] 59,33 %.
[8] 51,51 % d'entre eux.

proposition est la plus défendue [1], et on peut se demander s'il s'agit là d'un désaccord entre deux conceptions de l'éducation. Il n'est pas inutile de s'interroger aussi sur la façon de considérer le travail féminin et sur les incidences d'un arrêt de travail prolongé sur les carrières professionnelles féminines. Notons également que plus ils ont d'enfants, plus les parents se déclarent favorables à un arrêt de travail de la mère. On peut penser que la charge de travail imposée par l'éducation de plusieurs enfants plaide pour ce choix.

Le travail féminin semble valorisé par l'ensemble des personnes qui ont répondu, et le mariage ne semble ni un obstacle, ni un prétexte évoqué pour qu'une fille cesse son activité professionnelle [2]. Les femmes et surtout les mères considèrent moins encore que les hommes le mariage comme devant freiner l'activité salariée, et les jeunes garçons sont le plus partagés sur cette question [3]. Ce sont surtout les cadres qui s'opposent à l'absence d'activité professionnelle des femmes[4].

Concernant la répartition des rôles entre les hommes et les femmes, on s'aperçoit que parents et jeunes prennent de la distance par rapport aux « discours traditionnels », même si les jeunes semblent y être plus sensibles. Ainsi, 71,63 % des parents et 58,74 % des jeunes ne sont pas d'accord pour que le respect des règles soit l'apanage du père de

---

[1] 78,27 % des ouvriers partagent cet avis.
[2] 80,79 % des jeunes et 88,81 % des parents refusent l'idée qu'une « fille qui se marie a moins besoin de travailler ».
[3] Près de 3 sur 10 considèrent que le travail salarié s'impose moins pour une femme mariée.
[4] 86,11 % des cadres et professions intellectuelles supérieures sont tout à fait opposés à cette éventualité contre 49,25 % des ouvriers. Chez les jeunes, ce sont les enfants d'un père exerçant une profession intermédiaire qui y sont le plus opposés (71,66 %).

famille. Hommes et femmes s'opposent sur cette question car si les premiers sont d'accord [1] pour affirmer que « c'est le père de famille qui doit faire respecter les règles à la maison », 73,14 % des femmes ne sont pas de cet avis. Les mères sont à ce sujet plus catégoriques que leurs filles[2] et les garçons défendent le plus les schémas traditionnels [3]. Ce sont les cadres et professions intermédiaires ainsi que leurs enfants qui s'opposent le plus à cette répartition des rôles et les ouvriers et leurs enfants qui la défendent. On peut remarquer que si les employés développent à ce propos le même point de vue que les cadres, les enfants d'employés rejoignent plutôt les enfants d'ouvriers sur l'idée d'une répartition sexuée des rôles.

Il semble que si la question de l'éducation pose, pour la grande majorité, celle de l'autorité, cette dernière est le fait des deux parents et n'incombe pas à l'un d'entre eux. En effet, 86,53 % des parents qui attribuent au père un rôle particulier dans le respect des règles, affirment massivement que l'autorité est la base de l'éducation. Par contre, 65,70 % des parents qui affirment que l'autorité est la base de l'éducation ne sont pas d'accord avec l'idée que c'est au père de famille de faire respecter les règles à la maison.

Chez les jeunes garçons, on repère une conception que l'on peut qualifier de « traditionnelle » du rôle du père. Ils attendent de lui qu'il soit le garant du respect des règles et qu'il ne montre pas ses sentiments, qu'il ne soit pas trop

---

[1] C'est le cas pour 52,91 % des hommes (pères et fils confondus).
[2] 46,62 % des mères et 35,45 % des filles ne sont « pas du tout d'accord ».
[3] 31,94 % sont « tout à fait d'accord » alors que leurs pères ne sont que 18,37 % à affirmer cette position.

affectueux, attitude qui risquerait de lui faire perdre son autorité [1].

7 - A propos de la sexualité :

Les parents comme les jeunes considèrent, dans leur majorité, que l'éducation sexuelle fait partie de ce que les parents ont à assumer [2]. Les mères sont, à ce propos, plus catégoriques que les pères [3] et les garçons affichent une plus grande réserve [4] et même une plus forte opposition [5]. Il s'agirait pour eux plutôt d'une affaire de professionnels : les jeunes sont plus nombreux que les parents à affirmer que « la contraception au lycée est une bonne chose » [6], garçons et filles ne se distinguant pas dans les réponses. Les parents s'avèrent plus réticents que leurs enfants [7] et les pères[10] plus que les mères. Notons également que ce sont les ouvriers et les parents n'exerçant pas d'activité professionnelle qui sont le plus hostiles au rôle des infirmières scolaires dans les lycées.

On peut cependant penser que c'est moins la source d'information que la question de la sexualité qui pose

---

[1] Ils sont la moitié (50,13 %) à l'affirmer alors que les pères interrogés sont opposés à cette idée à 67,75%, les jeunes filles à 69,30 % et les mères à 81,75 %.
[2] C'est ce qu'affirment 88,78 % des parents et 70,89 % des jeunes. Chez les parents, ce sont les employés et les personnes sans activité salariée qui défendent le plus cette position.
[3] On repère 10 % d'écart entre les unes et les autres.
[4] 35,8 % d'entre eux s'opposant à cette idée.
[5] 19,75 % ne sont « pas du tout d'accord ».
[6] 81,24 % des jeunes et 71,46 % des parents.
[7] L'âge des enfants n'ayant aucune incidence sur les positions défendues.
[10] Ils sont 33,48 % à s'y opposer, dont la moitié avec vigueur.

problème à certains parents. En effet, les personnes tout à fait d'accord pour affirmer que ce sont les parents qui doivent informer leurs enfants sur la sexualité pensent aussi que la contraception au lycée est une bonne chose. Inversement, les parents qui ne s'estiment pas responsables de l'éducation sexuelle de leurs enfants rejettent le rôle éventuel du lycée dans ce domaine. Si l'information au sujet de la sexualité et de la contraception ne revient ni aux parents ni au milieu scolaire, on peut s'interroger sur la persistance d'un tabou et du silence qui entourent encore ce thème.

8 - L'aide aux parents et aux enfants :

Lorsqu'il est question de fonction parentale, c'est généralement pour aborder le thème de l'éducation de l'enfant, c'est à dire cet ensemble d'actions qui doit permettre à un enfant de grandir et de s'intégrer à la vie sociale.

Selon l'article 29 de la Convention Internationale des Droits de l'Enfant, l'éducation de l'enfant doit viser à :
« - Favoriser l'épanouissement de la personnalité de l'enfant et le développement de ses dons et de ses aptitudes mentales et physiques, dans toute la mesure de leurs potentialités.
- Inculquer à l'enfant le respect des droits de l'homme et des libertés fondamentales.
- Inculquer à l'enfant le respect de ses parents, de son identité, de sa langue, de ses valeurs culturelles, ainsi que le respect des valeurs nationales du pays dans lequel il vit.
- Préparer l'enfant à assumer les responsabilités de la vie dans un esprit de compréhension, de paix, de tolérance, d'égalité entre les sexes et d'amitié entre tous les peuples et groupes ethniques et religieux. »

Selon notre Code Civil, les parents ont, vis à vis de leurs enfants, « un ensemble de droits et de devoirs ayant pour finalité l'intérêt de l'enfant », en tant que détenteurs de l'autorité parentale. Cette dernière « appartient aux père et mère jusqu'à la majorité ou l'émancipation de l'enfant pour le protéger dans sa sécurité, sa santé et sa moralité, pour assurer son éducation et permettre son développement, dans le respect dû à sa personne [1] ».

Eduquer un enfant est une tâche complexe exigeant la mobilisation de ressources particulières. Devenir parent, c'est endosser une responsabilité s'inscrivant dans la continuité, mais c'est aussi se trouver au cœur d'un système concernant l'éducation de son enfant, dont on ne possède pas toutes les clés.

Pour la majorité des personnes interrogées lors de notre enquête, « c'est aux parents de trouver toutes les solutions pour aider leur enfant »[2]. La tâche n'est donc pas aisée et on peut penser que tous les parents ne sont pas à égalité. En effet, on sait que les ressources des familles, qu'elles soient économiques, culturelles, sociales ou relationnelles, ne sont pas les mêmes et que, face à certaines situations ou difficultés, nombre de parents se trouvent parfaitement démunis.

Les jeunes dont le père n'exerce pas d'activité professionnelle et ceux dont le père est ouvrier sont les plus exigeants vis à vis des parents [3]. Ceux dont le père est

---

[1] Article 371-1 du Code Civil.
[2] 69,12 % des parents et 77,71 % des jeunes sont de cet avis.
[3] 48,72 % des premiers et 43,21 % des seconds sont tout à fait d'accord avec l'idée que l'aide revient aux parents.

cadre sont les moins nombreux [1] à affirmer ce rôle crucial lié à la parentalité.

On retrouve les mêmes tendances chez les adultes puisque les ouvriers, les personnes sans activité et les retraités sont très affirmatifs [2], alors que les professions intermédiaires et cadres sont moins nombreux [3] à penser qu'il leur revient de trouver eux-mêmes toutes les solutions pour leur enfant. On peut s'interroger sur le constat de ces différences, sur les pratiques et les valeurs qui sous tendent cette affirmation. Certains parents, on le voit, ont de très fortes exigences concernant leur fonction et se soumettent (en même temps qu'ils sont soumis) à des pressions qui peuvent expliquer leur désarroi en cas de difficulté durable. Et comment pourraient-ils ne pas se sentir « défaillants » lorsqu'on a insisté à ce point sur leurs obligations et qu'ils ont endossé la responsabilité de l'éducation de leur enfant.

Cependant, ce sont les hommes, qu'ils soient fils ou pères, qui défendent le plus le point de vue selon lequel c'est aux parents de trouver toutes les solutions pour aider leur enfant [4]. Les femmes, bien que d'accord, restent plus nuancées [5]. Ce résultat est tout à fait intéressant lorsqu'on le rapproche de l'investissement effectif des mères par rapport à celui des pères dans l'éducation des enfants. On peut penser qu'elles mettent ici l'accent sur les limites et sur la distance qu'il faut parfois établir pour permettre à l'enfant de trouver son autonomie, son équilibre, et les solutions aux problèmes rencontrés.

---

[1] 16,67 %.
[2] 54,41 %, 46,48 % et 45,45 %.
[3] 28 % et 30,84 % sont tout à fait d'accord pour affirmer que c'est aux parents de trouver toutes les solutions pour aider leurs enfants.
[4] 45,93 % des pères et 40,25 % des fils sont « tout à fait d'accord ».
[5] 37,91 % des mères et 34,68 % des filles étant, elles aussi, « tout à fait d'accord ».

Dans leur très grande majorité, les parents sont sensibles aux difficultés que certains peuvent rencontrer dans l'éducation de leurs enfants et estiment que « tout parent en difficulté dans l'éducation de ses enfants doit d'abord être aidé » [1]. Les mères sont encore plus attentives que les pères à cette proposition [2], et on peut se demander quelle est l'incidence des situations de monoparentalité sur les réponses. En effet, les parents vivant seuls avec leurs enfants sont les plus nombreux à manifester un accord total avec la proposition[3], alors que les parents mariés sont les moins nombreux [4].

On ne constate pas de différences sensibles de point de vue selon le milieu social, par contre, on peut noter que les parents ayant le plus d'enfants sont plus souvent opposés à la proposition d'une aide. Doit-on y voir une intériorisation plus marquée de la fonction parentale se manifestant par une injonction à assumer, encore plus que les autres, les responsabilités afférentes?

Le recours à des professionnels pour faire face aux difficultés rencontrées par les enfants semble être envisagé par bon nombre de personnes, et surtout par les parents [5]. Ce sont les mères de famille qui envisagent le plus facilement cette éventualité [6], et les jeunes qui résistent le plus [7], quel que soit leur milieu social. Les parents de milieu populaire sont le moins d'accord pour envisager,

---

[1] C'est ce que pensent 90,21 % d'entre eux.
[2] 52,33 % d'entre elles et 44,58 % des pères sont « tout à fait d'accord ».
[3] 65,15 % d'entre eux sont « tout à fait d'accord ».
[4] 46,28 % sont du même avis.
[5] 68,31 % des parents et 53,58 % des jeunes estiment que quand un enfant a des problèmes, ses parents doivent l'amener consulter un psychologue.
[6] Elles sont 70,35 % dans ce cas dont 30,55 % tout à fait affirmatives.
[7] 48 % des garçons manifestent leur désaccord.

pour un enfant en difficulté, une consultation thérapeutique. Cela ne veut pas dire pour autant que rien n'est envisagé, car parmi les parents qui n'envisagent pas de recourir à un psychologue, la majorité affirme que c'est aux parents de trouver toutes les solutions pour aider leurs enfants [1]. On peut cependant y voir une résistance à un type d'approche parfois jugé intrusif (« de quoi vont-ils parler ? ») et stigmatisant (« mon enfant n'est pas fou »), mais aussi un décalage déjà analysé par certains sociologues [2] entre la perception du problème par les parents et la lecture qui en est faite par certains spécialistes. Ceux-ci, en effet, dans leur recherche du « conflit relationnel » qui pourrait expliquer les difficultés, remettent en quelque sorte en question le fonctionnement de la famille qui ne saisit pas de manière spontanée le rapport qu'il peut bien y avoir entre le problème qu'elle rencontre et les questions que l'on va aborder. « Le questionnement sur la vie privée et la culpabilisation ne peuvent alors être acceptés que si la légitimité de la démarche est reconnue, ce qui implique soit un minimum de familiarité et de reconnaissance de l'univers « psychanalytique », soit une prédisposition sociale à reconnaître l'autorité de la parole du spécialiste » [3].

Si la nécessité d'une aide et d'un soutien aux parents en difficulté dans l'éducation de leur enfant est bien reconnue, il reste à s'interroger sur les moyens à mobiliser pour cela. Notre enquête ne nous renseigne pas à ce sujet, mais nous donne quelques indications sur la perception des services sociaux qui divise les parents et les jeunes. Si

---

[1] C'est le cas de 65,31 % d'entre eux.
[2] En particulier Patrice Pinel et Markos Zafiropoulos lorsqu'ils analysent l'introduction du médico-psychologique dans le système éducatif dans Un siècle d'échecs scolaires (1882-1982), Editions ouvrières, 1983.
[3] Pinell et Zafiropoulos, déjà cités, p. 169.

les premiers ont un jugement plutôt positif, les seconds semblent se méfier de l'intervention de ces services dans les familles [1]. Il faut dire qu'ils véhiculent toujours l'image de l'intrusion dans la sphère privée et du contrôle social. Si ce n'est pas à eux que l'on souhaite, spontanément, s'adresser en premier, même s'ils peuvent offrir aide et conseils, c'est peut-être parce qu'un contact avec eux est synonyme d'engrenage difficilement maîtrisable.

Les résultats que nous venons de développer nous conduisent à insister sur la grande proximité des avis des parents et des jeunes. Sur la plupart des thèmes, les avis convergent pour affirmer l'importance de l'école, de l'insertion professionnelle pour la réussite sociale, la place certaine de l'autorité …. Les écarts repérés ne sont pas imputables au seul fait d'être jeune ou parent : ils renvoient à des différences liées au sexe et à la catégorie ou à l'origine sociale.
Les valeurs traditionnelles (répartition des rôles homme / femme, recours aux sanctions, surveillance et responsabilité…) sont fortement affirmées par les classes populaires alors que les catégories les plus favorisées les mettent davantage à distance. C'est, en particulier, chez les premières qu'on affirme que c'est aux parents de trouver toutes les solutions pour aider leur enfant et que le sentiment de responsabilité personnelle est le plus fort. Il est remarquable de constater que les publics les plus soupçonnés de démission sont ceux qui ont le plus intégré les injonctions de responsabilité. Ils semblent ne pas s'accorder de droit à l'erreur, rejetant même le recours à des tiers en cas de problème.

---

[1] Ce sont surtout les garçons (à 63,02 %) qui considèrent que « les services sociaux se mêlent trop de ce qui se passe dans les familles ».

N'y aurait-il donc pas lieu de s'interroger sur les valeurs dominantes, ce qu'elles véhiculent et sur les effets d'imposition produits ?

.... Puis, ma poupée, elle aurait des problèmes et on aurait été voir la Directrice d'École ....

Non ! Pas elle ! .. des boutons plein la figure et elle m'regarde d'travers quand j'sais pas faire mes divisions !

Soutien à la parentalité

Quatrième partie

Le point de vue des professionnels

Les entretiens semi directifs qui ont été menés auprès des professionnels ont permis d'aborder de nombreux thèmes. Nous développerons plus particulièrement les droits et les devoirs que ces professionnels attribuent aux parents et aux enfants ; les problèmes qu'ils perçoivent à partir de certaines caractéristiques des publics rencontrés ; la place et la fonction des sanctions envers les parents (et les enfants) en difficultés et l'aide éventuelle à apporter aux parents. Deux thèmes, abordés plus partiellement, concerneront le terme de « parentalité » et le « parent idéal ».

L'analyse qui va suivre s'appuie sur de larges extraits d'entretiens regroupés de façon thématique. Elle tente de souligner les convergences et divergences d'opinions à l'intérieur d'un même groupe professionnel, à repérer les proximités qui dépassent les appartenances professionnelles, et à mettre en lumière les valeurs et représentations qui sous tendent les propos exprimés.

I - Les droits et les devoirs des parents et des enfants

1 - Quelques points de repères historiques :

A l'échelle de l'histoire, on peut dire que l'idée selon laquelle les enfants ont des droits, et, dans le même temps, que les parents ont des devoirs, est récente : ce n'est qu'au XIXe siècle qu'elle a été reconnue dans le droit. Après une très longue indifférence à l'égard de l'enfance, on peut dire que cette évolution est révélatrice d'une conception de l'enfant, d'une conception de la famille mais également d'une conception de l'Etat.

Jusqu'à la Révolution Française, l'enfant est exclusivement placé sous l'autorité de son père qui seul possède des droits sur la personne de son enfant. La puissance paternelle est considérée comme le fondement de la famille.

On peut dire que l'autorité du père et l'autorité de la puissance publique sont en étroite interconnexion. Le père exerce un rôle d'administrateur, de magistrat sur les membres de la famille. En ce sens, il représente l'autorité. Mais il n'est pas seulement le substitut de l'autorité de l'Etat dans l'enceinte privée. Il est aussi celui qui prépare à l'obéissance envers cette autorité : c'est dans la famille que se fait l'apprentissage de la soumission aux lois.

Les droits attribués au père sont nombreux : droit de garde qui oblige l'enfant à demeurer avec son père qui peut, en cas de fugue, le faire ramener à l'aide de la force publique ; pouvoir de direction qui s'assure du développement moral de l'enfant ; droit de correction qui permet au père de faire arrêter son enfant ou de provoquer son incarcération en cas de *" graves sujets de mécontentement "* ; droit de jouissance et d'administration des biens ; droit de consentir au mariage ; etc.

Le droit révolutionnaire va réagir contre cet absolutisme paternel. Selon les propos de Cambaceres, « la voix impérieuse de la raison s'est faite entendre ; il n'y a plus de puissance paternelle : c'est tromper la nature que d'établir ses droits par la contrainte. Surveillance et protection, voilà les droits des parents, nourrir et élever leurs enfants, voilà leurs devoirs ».

Selon la loi du 28 Août 1792, « les majeurs ne sont plus soumis à la puissance paternelle ». Celle-ci prend fin à la majorité fixée alors à 21 ans. L'autorité paternelle est nettement affaiblie, contrôlée, en vertu de l'idée selon laquelle l'enfant appartient plus à l'Etat qu'à son père. Le droit de correction qui permettait au père de faire incarcérer son enfant est limité, puisque la loi du 26 mars 1790 a supprimé les lettres de cachet.

Quelques temps plus tard et en réaction contre les idées révolutionnaires, le premier soin des rédacteurs du Code Civil de 1804 est de restaurer la puissance paternelle. Le Code Civil donne à nouveau pleins pouvoirs au père qui règne en maître sur sa femme par la puissance maritale et sur l'enfant par la puissance paternelle. Aucun contrôle, aucune sanction ne sont prévus pour les cas où le père abuserait de ses droits. La puissance paternelle a un « caractère sacré de nature telle qu'aucun abus n'est à craindre. Les pères ne peuvent abuser de leur puissance, puisque cette puissance est éclairée par leur tendresse »(...). « La loi peut, sans crainte, s'en rapporter à la nature »[1].

Ce n'est qu'au XIXe siècle que l'idée de protection de l'enfance va se développer. Alors que pendant des décennies, des milliers d'enfants étaient ignorés ou encore maltraités et/ou exploités (que ce soit par leurs parents ou leurs employeurs) dans l'indifférence générale, le XIXe siècle introduit l'idée que l'enfant est un être à part entière, qu'il faut préserver et protéger. Dans cette protection, l'Etat est entièrement partie prenante. Il lui devient désormais possible de poser un cadre mais aussi de pénétrer dans la sphère privée de la famille pour aller à l'encontre de la puissance paternelle.

Les premières lois qui marquent un changement de mentalité sont celles concernant le travail des enfants :
- *la loi du 22 mars 1841* réglementant le travail des enfants dans les manufactures interdit le travail des enfants de moins de 8 ans et limite la durée du travail.

---

[1] Portalis dans les travaux préparatoires du code civil, cité dans Barthelet. (B.), « Le père, un souverain déchu », La famille, le lien, la norme, Paris, L'Harmattan, 1997, p. 30.

- *la loi du 19 Mai 1874* interdit le travail aux moins de 12 ans, et limite encore la durée du travail.

Malgré l'instauration d'une inspection du travail des enfants, ces lois auront du mal à être appliquées. Il ne s'agit pas de sanctionner outre mesure les contrevenants. Dans une lettre adressée aux préfets le 25 mars 1841, le ministre Cunin Gridaine, industriel du Nord, indique quelle devra être l'attitude des inspecteurs : « *il s'agit moins d'obtenir une exécution rigoureuse de la loi que de rendre cette exécution bienveillante et facile* » (...) « *On évitera, en s'abstenant des formes rigoureuses d'une répression purement judiciaire, de porter atteinte à l'honneur des fabricants et de fournir un prétexte pour indisposer les familles ouvrières* ».[1]

Mais à côté des difficultés à faire appliquer les lois, on peut constater que si les jeunes ouvriers sont avant tout pensés comme des travailleurs et non comme des enfants, l'entrée de ces préoccupations dans le droit marque la transformation progressive du regard de la société, et la reconnaissance de l'enfance.

Cette reconnaissance du monde de l'enfance se repère aussi à travers la question des enfants détenus. Alors que pendant des siècles, les enfants partageaient avec les adultes la prison commune, la *loi du 5 Août 1850* affirme que l'éducation correctionnelle des jeunes détenus doit s'effectuer principalement dans des colonies agricoles privées (Mettray étant la plus célèbre) connues, plus tard, sous le nom de maisons de correction. La loi affirme le principe de séparation des adultes et des mineurs, le jeune détenu étant un " prisonnier particulier ".

---

[1] Sandrin. (J.), <u>Enfants trouvés, enfants ouvriers, 17e-19e siècles</u>, Paris, Aubier, 1982, p. 204.

Dans le même temps, dans les discours, l'enfant commence à être considéré sous deux angles : *" enfant coupable "* et *" enfant victime "*. Il est à la fois « à corriger » et « à protéger ». Il a des devoirs, mais il acquiert progressivement des droits.

Ainsi, on assiste à un début de proclamation des droits de l'enfant, mais les peines infligées à ceux qui les bafouent interrogent encore la notion de protection de l'enfance. Les employeurs contrevenants sont généralement traités avec bienveillance.

Rappelons que les lois Ferry de 1882 et 1883 concourent à la protection de l'enfant en rendant la scolarité gratuite, laïque et obligatoire de 6 à 13 ans, ce qui a eu pour effet de mettre les enfants à distance de l'exploitation par le travail.

L'intrusion de l'Etat dans les familles va être beaucoup plus radicale.
Alors que le *Code Pénal de 1810* ne comportait aucune disposition concernant les violences à enfants, les lois de *1882, 1889 et 1898* vont introduire des modifications très nettes, insistant sur la responsabilité des adultes et surtout des parents dans les problèmes des enfants. Dans le cas des mauvais traitements, on affirme une aggravation de la peine dans le cas où le délit est commis par un ascendant légitime ou par toute personne ayant autorité sur l'enfant ou en ayant la garde.

Ainsi, les droits des enfants sont mis à l'ordre du jour en référence aux devoirs des parents.

La loi du 28 Mars 1882 sur *la protection des enfants maltraités et moralement abandonnés et sur la puissance paternelle*, et la *loi du 24 Juillet 1889* instituant la déchéance de la puissance paternelle dans les cas où les parents feraient subir de mauvais traitements à leurs enfants marquent un tournant important. La loi de 89 permet de prononcer la déchéance des « *pères et mères qui, par leur ivrognerie habituelle, leur inconduite notoire et scandaleuse, par de mauvais traitements, compromettent soit la sécurité, soit la santé, soit la moralité de leurs enfants* ». Elle peut confier, avant jugement, un mineur à une personne digne de confiance ou à une institution charitable, et après jugement, à l'Assistance publique.

Quant à la *loi du 19 avril 1898* sur la répression des violences, voies de fait, actes de cruauté et attentats commis envers les enfants, elle donne aux enfants une place spéciale dans la législation pénale, et permet au juge de prendre des mesures de placement à l'égard des enfants victimes.

Ainsi, dans un premier temps, afin de traiter la question des enfants, la réaction a consisté à réprimer les « coupables », à sanctionner les parents par la déchéance de leurs droits de puissance paternelle et à « préserver » les enfants en les envoyant dans des maisons de rééducation.

Ce n'est que dans un deuxième temps que s'est développée l'idée selon laquelle la sanction était insuffisante si elle n'était pas accompagnée d'une aide aux parents : la surveillance éducative, puis l'assistance éducative et enfin l'action éducative en milieu ouvert étaient nées.

Alors que le *décret-loi du 30 Octobre 1935* relatif à la protection de l'enfance (qui modifie la loi de 1889 sur la déchéance de la puissance paternelle et complète l'article 2) passe par le contrôle et l'aide à l'égard des parents repérés comme « coupables »[1], *l'ordonnance du 23 décembre 1958* relative à la protection de l'enfance et de l'adolescence en danger [2], évoque l'aide et le contrôle mais ne met plus si clairement en avant la culpabilité des parents. Les mesures d'assistance éducative partent de la situation de danger vécue par l'enfant, mais supposent une capacité d'évolution de la cellule familiale.

La *loi du 4 Juin 1970* sur l'autorité parentale amène le juge des enfants à ordonner des mesures d'assistance éducative « *si la santé, la sécurité ou la moralité d'un mineur non émancipé sont en danger, ou si les conditions de son éducation sont gravement compromises* ».
L'article 375-2 insiste sur le fait que « *chaque fois qu'il est possible, le mineur doit être maintenu dans son milieu actuel. Dans ce cas, le juge désigne soit une personne qualifiée, soit un service d'observation, d'éducation ou de rééducation en milieu ouvert, en lui donnant mission d'apporter aide et conseil à la famille, afin de surmonter les difficultés matérielles ou morales qu'elle rencontre* ».

A travers le droit, on peut repérer les évolutions notables qui ont marqué les derniers siècles et dont nous n'évoquons ici que quelques éléments. Ainsi, l'enfant change de statut : « d'objet » (en particulier de ses parent...), il passe au statut de sujet ayant non seulement des devoirs mais aussi des droits.

---

[1] " Lorsque la santé, la sécurité, la moralité ou l'éducation de l'enfant sont compromises ou insuffisamment sauvegardées par le fait des père et mère, une mesure de surveillance ou d'assistance éducative peut être prise par le président du tribunal, sur requête du ministère public ".
[2] Qui abroge la loi de 1898, le décret-loi de 35 et remplace les articles du Code Civil sur la correction paternelle.

Les Droits de l'enfant sont alors proclamés, mais il faudra cependant attendre le 2 Juillet 1990 pour que soit ratifiée par la France la Convention Internationale des Droits de l'Enfant.

Quant aux parents qui ont eu tous les droits sur leurs enfants (principalement le père), c'est à la fin du siècle dernier, qu'ils découvrent qu'ils ont aussi des devoirs.

Aujourd'hui, si les droits comme les devoirs des parents et des enfants sont inscrits dans les textes, ils ne sont pas connus de tous et, curieusement, dans le même temps, ils donnent lieu à bien des critiques, d'aucun considérant que les enfants auraient bien trop de droits (et donc pas suffisamment de devoirs) et que les adultes n'auraient désormais que des devoirs vis à vis des jeunes générations.

2 - Les droits et devoirs des parents et des enfants vus par les professionnels :

Nous avons donc souhaité interroger le regard porté par les professionnels sur les droits et les devoirs des enfants et des parents et, comme nous pouvions nous y attendre, de nombreux interlocuteurs se sont trouvés démunis, restant souvent dans des généralités ou détournant le propos :
- « *Bien sûr, les parents ont des droits. Mais est-ce que les enfants ont des devoirs envers leurs parents ? Légalement, je ne sais pas si les enfants ont des devoirs envers leurs parents tant qu'ils sont mineurs. Donc, je ne peux pas répondre à cette question. Je ne sais pas* ». (Travailleur social)
- « *Vous voulez peut-être parler de la responsabilisation des parents. Il faudrait beaucoup responsabiliser les parents, parce que l'assistanat, ça va jusqu'à un point.*

C'est nécessaire, mais il ne faut pas tomber dans l'assistanat systématique ». (Policier)

Dans l'ensemble des entretiens, on peut souligner que droits et devoirs des parents et des enfants ne sont pas évoqués de façon équilibrée. Si les droits des enfants et les devoirs des parents font l'objet de nombreux discours, les devoirs des enfants et les droits des parents sont moins souvent développés, conformément au discours ambiant de ces dernières années. Ainsi, sans entrer encore dans les idées développées, les personnes interrogées s'étendent plus longuement sur la question des droits de l'enfant et des devoirs des parents, comme s'il s'agissait d'un sujet plus familier. Les références à la Convention Internationale des Droits de l'Enfant, faites à plusieurs reprises[1], viennent parfois appuyer la légitimité de la préoccupation :
- *« La Convention Internationale des Droits de l'Enfant est une avancée. Sur le plan juridique, l'autorité parentale est déférée aux parents qui ont pour devoir d'assurer l'éducation de leurs enfants. S'il n'y avait pas de limite à cette autorité parentale, l'enfant n'a pas de droit ; il n'a que le droit de se plier à l'autorité de ses parents, à ce qu'ils ont décidé pour lui. A partir du moment où on dit que l'enfant est une personne qui a droit à son intégrité physique, sexuelle, qui a droit à l'éducation, qui a droit à la santé, qui a droit de bien vivre, d'être nourri, ..., je pense qu'on peut parler des droits de l'enfant. (...) On n'est plus dans une société où l'enfant obéit simplement au doigt et à l'œil. On est dans une société où on négocie. Jusqu'où les parents doivent-ils négocier ? Sont-ils en capacité de négocier ? Négocier, c'est difficile car ça suppose de s'adapter. C'est plus difficile que de*

---

[1] En particulier par les intervenants travaillant en lien étroit avec la justice des mineurs.

fonctionner par rapport à un diktat ou à une règle rigide sur laquelle on n'a pas trop à réfléchir. Les parents rigides, très rigides, sont des parents fragiles, qui sont dans l'incapacité de négocier parce que, sortis de leur norme, ils sont perdus ». (Juge des enfants)

On a pu voir développer l'idée selon laquelle les enfants n'avaient que des droits:
- *« Les droits de l'enfant, c'est fondamental ; et je ne pense pas que les enfants aient des devoirs ».* (Enseignant)
Dans cet entretien, la question des droits et des devoirs des enfants et des parents est abordée de la même manière. Si les droits sont défendus dans les deux cas, la question des devoirs provoque des réactions de méfiance :
- *« Les parents ont des droits, ça, c'est certain. Et quand on voit l'action de la justice ou des services sociaux sur certaines familles, je pense que parfois les droits des parents sont bafoués »* (...). *« Parler des devoirs des parents, c'est quelque chose qui est relativement... dangereux et marginalisant pour ces parents qui ont du mal à trouver des moyens d'être parents ».* Les discours culpabilisant les familles sont ici mis en cause en ce qu'ils contribuent à créer des inégalités et qu'ils sous-tendent et justifient des modes d'intervention dans la sphère privée.

D'autres entretiens, plus nombreux, se centrent essentiellement sur les devoirs des parents :
- *« Je pense que les parents ont des devoirs vis à vis de la société et je pense aussi que la société n'est pas assez demandeuse, en retour, de la part des devoirs des parents ».* (Travailleur social)
- *« Les parents ont plus de devoirs que de droits, je crois ».* (Travailleuse sociale)

Mais une tendance forte semble se dégager : la question des droits comme celle des devoirs concerne aussi bien les

parents que leurs enfants. Ainsi, les trois quarts des personnes interrogées considèrent que, dans la cellule familiale, chacun des acteurs a des obligations envers les autres et aussi des droits.
- *« On parle souvent des droits des enfants et des devoirs des parents. Je pense qu'il faudrait élargir ça et dire : les droits et les devoirs des enfants ; les droits et les devoirs des parents ».* (Policier)
- *« Droit des enfants et devoirs des parents,... et l'inverse quand même. Je pense que le devoir des parents, c'est de donner le plus d'amour possible pour que l'enfant soit solide et qu'après, il fasse ce qu'il veut. Le devoir du parent, pour moi, c'est ça. C'est pas : « mouche ton nez et dis bonjour à la dame ». Non ! C'est quand l'enfant sent qu'il est aimé et respecté dans sa famille. Dans ce cas, quoi qu'il fasse, il va retomber sur ses pieds. Moi, je pense souvent que les parents doivent semer, comme on sème dans le jardin, et après on attend. Si on a bien semé, on va toujours récolter ».* (Travailleuse sociale)

Si l'on se penche plus précisément sur les droits des enfants, on repère deux grands courants : celui qui aborde la question en termes de principe fondamental, et celui qui témoigne d'une certaine nostalgie du passé.
Dans les droits reconnus à l'enfant, on retrouve des propositions telles que : *« aller à l'école, vivre son enfance normalement, sans violence, jouer, ... »* (Enseignante), *« Ne pas être maltraité, être respecté »* (Travailleur social), *« Etre acteur parmi les siens, d'abord dans la famille, c'est quand même là qu'il vit, et puis parmi ses pairs, les enfants de son âge »* (Travailleuse sociale), *« Avoir leur chez soi ».* (Policier)

Ces droits sont le plus souvent rappelés en référence à un cadre juridique :

- « *C'est rassurant, pour un enfant, de savoir qu'il a des droits, qu'il n'est pas obligé de tout accepter de la part des adultes, y compris les violences sexuelles. Les enfants ont des droits, et les adultes n'ont pas tout pouvoir sur les enfants* ». (Travailleuse sociale)

- « *L'enfant a le droit d'être entendu, de donner son point de vue, et moi, en tant que juge, je considère qu'il a à le donner. Le droit de l'enfant, c'est aussi le droit de ne pas être traité (ou incarcéré en ce qui concerne la délinquance) comme un majeur. C'est une idée nouvelle concernant les mineurs ; elle date de 45 : c'est l'idée selon laquelle un enfant n'est pas un adulte, qu'il a une évolution à parfaire pour arriver à l'âge adulte. Il n'intègre pas tout comme un adulte. Pour l'intégration des normes sociales, des interdits fondamentaux, on est effectivement obligé de considérer qu'un enfant de 12 ans n'a pas le même discernement qu'un majeur : il est supposé ne pas être en capacité de comprendre et d'apprendre que certaines choses sont interdites et c'est peut-être là la question. On voit des adolescents de 12 à 15 ans, c'est la tranche d'âge dont je m'occupe actuellement, et on a l'impression que l'intégration de l'interdit, et le rappel de la règle ne sont pas posés. C'est quelquefois seulement le juge qui va dire :* « *ça, ce n'est pas possible* », *et on a des jeunes qui ne comprennent pas. Vous avez des jeunes qui violent la loi et qui ont conscience de l'interdit : ils savent quelque part qu'ils ont fait quelque chose qui n'était pas normal. Mais vous en avez d'autres à qui on n'a peut-être pas donné les bases de l'éducation. Et ce n'est pas une répression immédiate qui va produire des effets non plus. Ca va être une punition par rapport à un acte dont on n'a pas compris le sens et il est donc fort probable qu'il se reproduise* ». (Juge des enfants)

Certains développent également, à la fois dans le droit des enfants et des parents, des idées sur les relations entre les membres de la famille :
- « *Il y a des mères qui n'aiment pas leur enfant ; elles ont le droit de ne pas l'aimer. Il y a des mères qui n'aiment pas leur enfant tous les jours* » (...) « *Il y a des filles qui détestent leur mère aussi. Elles ont le droit. Ce n'est pas parce qu'une mère a pondu un œuf que l'œuf doit aimer sa mère. Et ça, c'est pas dans les mentalités.* (...) *Elles ont le droit, bon sang, d'aimer par exemple la mère qui les a adoptées et pas la mère qui les a faites !* ». (Travailleuse sociale)

Dans un registre identique, concernant des enfants placés :
- « *Les enfants ne doivent pas oublier qu'ils sont les enfants de telle ou telle personne.* (....) *Mais en même temps, ils n'ont pas à écrire une carte postale à leurs parents ou à leur famille d'accueil éventuellement s'ils ne le décident pas. Ils ont aussi le droit de faire un break à un moment donné dans cette relation qui est conflictuelle dans leur histoire* ». (Travailleur social)

Face à la reconnaissance accrue des droits des enfants, nombre d'interlocuteurs tiennent à rappeler que droits et devoirs vont de pair : « *Les enfants ont des droits, mais ils ont des devoirs aussi, des obligations* ». (Travailleur social)

Beaucoup, tout en reconnaissant des avancées, sont sceptiques sur les résultats :
- « *Le côté « droits des enfants » tous azimuts, on voit ce que ça peut donner, pour le coup ! Mettre les enfants dans une situation de toute puissance, ce n'est pas forcément non plus les aider à grandir. Les droits de l'enfant, moi je trouve que c'est une bonne chose car quand on reprend au niveau de l'histoire, le père qui avait le droit de vie ou de mort sur sa femme et ses enfants, là, ... Mais quant à*

passer effectivement à ... L'enfant a droit à l'éducation, à la santé, mais, je dirai, comme n'importe quel individu, qu'il ait 0 an ou qu'il ait 90 ans. C'est un droit fondamental de l'humanité et je ne vois pas pourquoi ce serait plus spécifique. Alors, il va y avoir le droit des handicapés ? Ca existe déjà. Le droit des femmes ? Ca existe déjà. Le droit des immigrés ? Bon, je veux dire qu'on devient très corporatiste et c'est un peu dangereux. (...) Les gamins, ils s'en servent vachement, de ça. Ils ont tellement de droits qu'ils ont tous les droits. Il faudrait peut-être remettre les choses à leur place ». (Travailleuse sociale)

- « Ah leurs droits !... ils savent, ils sont même au courant de la nouvelle loi, la présomption d'innocence et tout. Vous interpellez dans la rue, maintenant on vous dit d'emblée : "je veux voir un avocat", ils le savent. C'est récent, les médias en ont fait le battage. Ils le savent. Là, je parle du point de vue pénal, mais que ça soit n'importe quoi... Ils savent que les parents ne peuvent pas les foutre dehors, ils savent... Ils sont quand même... avertis sur certains points. De ce point de vue là, il n'y a pas de problème ». (Policier)

Ce sont surtout les enseignants qui regrettent les modifications intervenues dans la loi. A ce propos, leur discours semble fortement influencé par leur position, et c'est bien du rapport maître / élève et de la structure scolaire qu'ils parlent lorsqu'ils évoquent les droits des enfants :

- « *Les enfants connaissent très bien leurs droits. Ils sont souvent en train de dire : « vous n'avez pas le droit de faire ceci, vous n'avez pas le droit de faire cela », mais leurs devoirs, c'est déjà beaucoup plus difficile de leur faire retenir* ».

- « *Très honnêtement, en tant que directrice d'école, je ne suis pas d'accord sur le principe. Les enfants ont des droits, c'est d'accord, mais ils en prennent tellement qu'on a l'impression qu'ils n'ont plus de devoirs. Moi, j'aimerais bien le cinquante / cinquante. On ne l'a pas ! Pour moi, c'est le zéro devoir et on voit cent pour cent de droits !* ».

Certains enseignants déplorent surtout ce qu'ils appellent des effets pervers de la volonté démocratique et égalitaire :
- « *Il y a un côté un tout petit peu pervers de ce qu'on a appelé « démocratie lycéenne » ou ce genre de chose. Sur le fond, l'école, ce n'est pas la démocratie. Il y a un certain nombre de règles qui sont imposées et qui ne font pas l'objet de débats ou de remise en cause : le principe des notes, de l'oral, ... ce genre de choses, ça ne se discute pas. L'apprentissage de la démocratie passe aussi par l'intériorisation des normes et des contraintes. (...) Mais c'est vrai qu'on assiste à des comportements de l'ordre du marchandage. Je trouve de plus en plus de marchandage des notes, des élèves qui négocient, bon, pas trop avec moi (et puis je n'ai pas non plus les élèves les plus susceptibles de faire ça), mais qui négocient le rythme du travail, qui négocient les notes, les dates des devoirs à rendre..., comme si tout pouvait se discuter. Voilà les effets un peu pervers, comme s'il y avait un côté, une tendance un peu perverse du côté égal à égal* ».

Quant aux devoirs des enfants, certains professionnels s'interrogent :
- « *Je ne sais pas si les enfants ont des devoirs envers leurs ... Ca dépend des âges, je veux dire... C'est vrai que ça me semble un mot fort, les « devoirs ». Enfin, des devoirs de quoi ?* ». (Travailleur social)

Mais d'une manière générale, ceux qui développent leur point de vue insistent tous sur un terme : le respect, respect

des parents, respect de l'adulte, respect de la loi, des règles ... :
- « *Pour moi, le devoir de l'enfant va être de respecter. Le respect de la loi française puisqu'on est en France, et le respect de ses parents* ». (Policier)
- « *Les parents sont en mesure d'attendre de leurs enfants des devoirs, le devoir de les respecter car je pense que le devoir d'aimer ne se commande pas. Il y a des normes à respecter au niveau des horaires de repas, des heures de rentrée, des heures de sortie, du respect du matériel de la maison, du foyer. Voilà* ». (Enseignant)
- « *Si tes parents te demandent de rentrer à l'heure, tu rentres à l'heure. Il y a aussi une règle de vie familiale, qui fait qu'ils ont des devoirs par rapport à ces règles de vie familiale, ou cette vie de famille. Ce n'est pas que dans un sens, les parents ne sont pas pourvoyeurs de tout. Et puis je pense que les enfants aussi décident pour eux de certaines choses. Tout n'est pas de la responsabilité des parents, il y a aussi de leur responsabilité à eux. Ce n'est pas toujours évident quand on est enfant de penser ça ! C'est peut-être plus clair après mais... !* ». (Travailleuse sociale)
- « *Au niveau légal, ça peut paraître un peu désuet, mais les enfants ont l'obligation de se soumettre à l'autorité de leurs parents et ils ont l'obligation de respect mais aussi d'assistance à l'égard de leurs parents. On l'oublie souvent, mais un enfant, quand il devient majeur, lui-même peut être contraint à l'obligation alimentaire à l'égard de ses parents. Ca marche dans les deux sens et ça aussi, c'est important à transmettre dans une famille. Une famille c'est une unité, et c'est le premier lieu de solidarité. Et ça, c'est pas suffisamment réaffirmé. (...) Je pense que, dans une famille, l'éducation doit, au-delà de la loi, construire ce sentiment de solidarité familiale, d'unité familiale et de respect des individus entre eux. C'est ce qui fait le ciment de la famille, quoi. S'il n'y a pas ça, il n'y a*

pas de famille. C'est pas parce qu'on vit ensemble dans le même logement qu'on compose une famille ». (Travailleur social)

La fonction occupée par les personnes interrogées influe, dans certains cas, sur leurs propos :
- « *Leurs devoirs, je ne sais pas... Déjà, de ne pas faire toutes ces incivilités comme on dit, le grand mot à la mode, et (...) en définitive parce qu'ils dégradent leur quartier, c'est eux qui le dégradent, c'est eux qui vivent là. Je ne sais pas, ils ont quand même le devoir de respecter les gens, de respecter les adultes, etc. Respecter la police, ou... Ils rejettent toute forme d'autorité de toute façon en définitive. C'est beaucoup plus simple comme ça. Que ce soit professeurs, policiers, ... C'est un rejet, c'est à la mode. Parce que ça ne vient pas d'eux comme ça. (...) Ils ont deux ou trois modèles dans le quartier, et ils font tous pareil. Il suffirait de pas grand chose pour que la plupart reviennent dans le bon chemin ».* (Policier)

Pour nombre d'enseignants, la question des droits et devoirs des enfants comme des parents s'est focalisée sur l'école et sur les rapports entretenus avec eux-mêmes, censés représenter « les adultes » :
- « *Le respect de l'adulte, en priorité. Se rendre compte que le maître est là, avec une mission éducative et une mission d'enseignant. Et nous, si vous voulez, avec l'agression des parents ou des enfants, on se dévalorise dans la mission qu'on a à faire ».* (Enseignante)

Dans le discours des policiers, le thème du respect est, à plusieurs reprises, lié à celui de l'obéissance :
- « *Obéir, ça fait partie des devoirs des enfants, pour moi, ça ne fait pas l'ombre d'un doute. C'est oui à 100 %. Mais attendez : par enfant, on entend... Dans le code pénal, on est enfant de la naissance jusqu'à 18 ans, même*

si biologiquement ça n'a plus rien à voir. Mais moi, oui, je reste sur cette idée là ». (Policier)

- « *Le devoir des enfants, c'est de respecter leurs parents, ce qui n'est pas toujours le cas. Pour moi, c'est ça : respecter les parents. C'est primordial. Il faut obéir, et puis respecter ».* (Policier)

- « *En tant que parent, il faut faire l'effort de donner tout ce qu'on peut, toutes les bases éducatives, à tous les niveaux. Un enfant, ça ne va pas s'élever tout seul. Il ne faut pas le laisser décider de tout, ça, c'est une certitude. Un enfant, ça doit obéir à ses parents. Ca a le droit de s'exprimer, bien évidemment, mais ça doit obéir ».* (Policier)

La moitié des personnes qui mentionne le respect comme devoir des enfants ne parle pas d'un respect à sens unique, mais bien d'un respect mutuel, partagé :
- « *Parmi les devoirs des enfants, je citerai avant tout le respect. C'est un devoir de respecter. Respecter l'enfant parce que l'enfant est une personne, et le parent parce que c'est une personne aussi. A partir de là, tout découle, c'est le respect de la vie privée... On a le droit et le devoir d'éduquer, de protéger les plus faibles que soi. Tout ce qui est droit renvoie à un respect. Comment on respecte l'individu ? Comment on respecte sa liberté ? Comment on respecte son épanouissement personnel ? En fonction de ça un droit de garde se voit au regard de ce respect que l'on donne à la personne. C'est pas : "j'ai le droit de garde parce que c'est moi la mère". Pour moi, tout part du respect. C'est le respect qui est au départ qui permet de juger comment une action est bonne ou pas bonne. Est-ce que le droit est légitime ou abusif ? ».* (Travailleuse sociale)
- « *Chacun a un devoir de respect envers l'autre. Ce sont des devoirs communs. Un parent est en droit d'exiger de son enfant qu'il le respecte, qu'il respecte les lois... Qu'est-*

ce qu'on respecte ensemble pour pouvoir vivre ensemble ? Ce sont des devoirs qui sont communs. Un parent a le devoir de mettre des limites à son enfant, et ça commence dès la petite enfance. À partir du moment où l'enfant marche, ça y est, ça commence les limites pour protéger son enfant. Le parent a un devoir de protection de son enfant. Donc il faut bien mettre des limites. Cela commence à la petite enfance, mais il convient à l'adolescence de remettre des limites à l'enfant. Devoir des parents, oui ! Tout comme l'enfant a le devoir de respect de ses parents, les règles de vie commune, donc de respecter des limites. Alors les limites, c'est ça qui est intéressant, c'est justement de mettre des limites parce qu'après ça se discute. Des limites, c'est fait aussi pour se parler. Un ado adore ça : discuter des règles, discuter des limites franchement, les ados ne font que ça. "Ouais, et pourquoi ? Et pourquoi j'aurais pas le droit de... ?". Donc les limites, ça sert aussi à se parler». (Travailleuse sociale)

On a déjà vu que les devoirs des parents étaient parfois évoqués parallèlement à ceux des enfants. Mais on a pu constater que si droits et devoirs des enfants et des parents donnaient lieu à de nombreux propos, c'est bien sur les devoirs des parents que se focalisent le plus les discours, les analyses et parfois les récriminations. Plus encore que les droits des enfants, les devoirs des parents suscitent convictions ou interrogations. Peut-être faut-il y voir l'un des effets des discours publics sur la « responsabilisation des familles » ?

Pour certains, les devoirs des parents renvoient, avant tout, au cadre légal :
- « Il y a quand même des choses très importantes, qui sont déterminantes pour la vie en général. La loi leur fait un certain nombre d'obligations : de soins, alimentaire...

Après, dans la réalité, tout ça, ça se met en oeuvre de manière beaucoup plus compliquée ou subtile. On est sur des problèmes de relation entre individus, de contexte socio-économique, d'environnement, de conditions matérielles, et puis il y a les aléas de la vie. On voit que c'est pas si facile que ça». (Travailleur social)
- « *Les parents ont notamment des devoirs dans le code pénal : devoir éducatif, devoir de... Il y a un article d'ailleurs qui va tout à fait dans ce sens. Quand vraiment il y a des parents qui laissent complètement la situation aller, qui n'accomplissent plus du tout leurs devoirs, qui sont inscrits en toutes lettres dans le code pénal, on fait une procédure pour 'soustraction aux obligations légales'. Voilà il y a un article dans le code pénal qui est 'soustraction aux obligations légales'. C'est à dire que les parents ont l'obligation de mettre leurs enfants à l'école, de leur assurer une éducation, de les nourrir, de les loger décemment... Et quand ils ne remplissent pas ce rôle, la justice est là pour leur rappeler. Evidemment, ça prend pas forcément des allures immédiates de coercition, loin de là mais on est là nous, brigade des mineurs, quand tous les acteurs sociaux ne sont pas parvenus à faire comprendre ça aux parents, c'est nous qui intervenons. Moi je dirais qu'on est vraiment le dernier recours quand on arrive à des situations catastrophiques».* (Policier)

Parmi l'ensemble des propos tenus, certains ont tenté de lister des éléments qui leur paraissaient essentiels :
- « *Elever les enfants dans des conditions décentes, les nourrir, s'en occuper, les élever».* (Enseignante)
- « *Donner une éducation à leurs enfants, leur donner à manger».* (Policier)
- « *Quand on a des enfants, si on les fait, on doit s'en occuper, les assumer, les élever. Malheureusement, ce n'est pas toujours le cas. C'est de suivre l'enfant jusqu'à la majorité, même après, ce qui est mon cas. (...) J'ai une*

fille et un garçon qui sont grands, bien sûr. Bon, il faut les suivre jusqu'au bout, jusqu'à ce qu'on leur ait trouvé une situation. Pour moi, le devoir de parent, c'est ça : les élever, les éduquer, les loger, les nourrir, bien sûr, jusqu'au bout. Il ne s'agit pas de les laisser se débrouiller un peu à partir d'un certain âge. L'enfant, il faut le suivre, lui donner des conseils parce que majeur à 18 ans, il n'est pas majeur, il est encore jeune dans sa tête. Non, il faut lui donner des conseils ». (Policier)

D'autres propos renvoient assez précisément à la fonction occupée par la personne qui les tient :
- « *Le devoir c'est déjà de se tenir informé de ce que fait son fils, ou sa gamine. Ce n'est pas tout de l'inscrire dans un club de foot le mercredi après-midi, d'aller le déposer et puis de dire je te reprends à cinq heures, sans savoir si le gamin a effectivement assisté à l'entraînement pendant les trois heures ou si il vient une demi heure et puis qu'il se casse faire le con avec les copains du quartier. Un exemple concret : quand on inscrit son gamin dans un club de sport, de temps en temps la moindre des choses c'est d'aller voir le moniteur, l'éducateur, de lui dire "comment ça va avec mon fils, est-ce qu'il a un bon comportement au niveau de l'entraînement, est-ce que quand vous demandez quelque chose il ne commence pas à vous insulter, est-ce qu'il est effectivement présent à chaque entraînement ?"* (…) *Moi en tant que policier je dirais le devoir premier c'est d'accompagner le gamin au commissariat quand il y a un problème. Je trouve que c'est inacceptable de convoquer un parent et puis un gamin, en mettant sur une convocation "convocation judiciaire", et puis les parents diffèrent. Ça à la limite c'est pareil, à mon avis ça devrait constituer une amende. On tape toujours sur l'automobiliste par exemple* (…). *Ne pas répondre à une convocation de police quand ça concerne son enfant qui est mineur d'âge, ce n'est pas faire preuve de civisme*

non plus. Ce n'est pas normal que les gens s'en tirent comme ça ». (Policier)

Pour les enseignants, les devoirs des parents sont, par certains, limités à leurs devoirs de parents d'élèves :
- *« Le problème, c'est que beaucoup de parents se désintéressent de leurs enfants. Même si on essaie de les joindre quand il y a un problème, il n'y a jamais personne qui est là, c'est un petit peu gênant, on se fait raccrocher au nez... « Allô, c'est Monsieur Untel du collège... » Clac ! On vous raccroche au nez. Donc ces parents là, leurs devoirs, je ne suis pas sûr qu'ils ont bien compris ce que c'est. Et puis certains parents quand ils viennent, ils nous disent « De toute façon, si je mets mon fils au collège, c'est pour toucher les allocs', rien d'autre ! » Ca arrive assez souvent ça oui. Donc les devoirs des parents, je crois que beaucoup il faudrait leur expliquer ce que c'est. (...) Leurs devoirs, ce serait de s'assurer que déjà leur enfant a un comportement... citoyen on va dire. La citoyenneté c'est le grand mot de l'Education Nationale, respecter les autres. Et s'assurer que leurs enfants aussi font le minimum pour essayer de s'en sortir. S'assurer que leurs enfants partent au collège déjà avec leurs affaires. Il y a des élèves qui viennent comme ça, les mains dans les poches au collège. Là, les parents quand même, ils doivent s'en rendre compte. Et ça, le plus souvent, ce minimum n'est même pas fait».* (Enseignant)
Cette opinion, basée, certes, sur certains constats, mais restreignant le champ de vision, ne peut que contribuer à creuser le fossé qui existe entre certaines familles et le système scolaire qui juge et sanctionne.

Par contre, les devoirs des parents sont évoqués parfois en lien avec les conditions de vie des personnes, ce qui amène à mettre en lumière des inégalités et, parfois, des difficultés concrètes d'exercer ses devoirs :

- « Maintenant, on est dans une donne totalement différente. Les enfants possèdent des informations culturelles, d'explication du monde, que les parents n'ont pas.
Je vois l'enseignement des maths en seconde maintenant, ça n'a rien à voir avec ce que l'on faisait quand on y était. La physique pareil, la chimie pareil. Donc, ils m'ont appris des choses, mes gosses.
Mais l'institution a laissé à la famille le soin de se débrouiller avec ce changement de paysage culturel. L'institution n'a pas accompagné ça. Et on s'est aperçu que par rapport à ça, il y a des familles qui tenaient la route et d'autres qui ne la tenaient pas. Et maintenant, on veut remettre les pendules à l'heure en disant : « devoir des parents, droit des enfants ».
Et puis maintenant, on s'intéresse à la parentalité par le biais des devoirs des parents... Moi là-dessus, je suis pas contre : il faut faire savoir aux parents qu'ils ont des devoirs envers les enfants ; mais ne rentrer que sur ce terrain là, je trouve que c'est une aberration. Et on risque de renforcer le phénomène autorité dont je parlais tout à l'heure et que je trouvais contradictoire avec la recherche de l'émancipation». (Enseignant)

- « Quand vous avez des parents d'origine étrangère qui ne maîtrisent pas bien la langue française, ça crée aussi un obstacle supplémentaire. On les convoque au commissariat, ils ne parlent pas très bien la langue, le plus souvent dans l'urgence, comme je vous expliquais, on se sert du gamin qui est présent sur place pour traduire notamment. A la limite, il raconte ce qu'il veut aux parents. Maintenant, ces parents-là, d'origine étrangère, qui ont effectivement des difficultés pour se faire comprendre, seront peut-être aussi plus facilement les personnes qui ne vont pas venir, parce qu'elles ne jugeront pas utile de venir, ou le gamin en milieu familial va leur *raconter n'importe quoi en disant que ce n'est pas la peine de venir... Donc c'est sûr, il y a des différences à ce niveau-là. Bon maintenant, on ne peut pas faire de généralités non plus, il y a des gens qui sont d'origine étrangère, qui sont de milieu ouvrier, et qui sont bien impliqués dans les problèmes qui concernent leurs enfants. C'est difficile de faire des généralisations. En fait, nous, en tant que policiers, on travaille au cas par cas. Le cas de tel gamin ce n'est pas le même que celui de son copain, même si ils font à deux les mêmes bêtises, les mêmes infractions. Peut-être qu'il y en a un qui sera peut-être en situation précaire à la maison parce que les parents seront en train de divorcer, l'autre aura tout ce qu'il veut à la maison, est chouchouté, il va passer à l'acte parce qu'il a ça dans le sang ou parce qu'il a aucune limite. En fait, c'est ça. On est confrontés à des cas d'espèce, qui sont à chaque fois différents».* (Policier)

La prise en compte des conditions de vie conduit à poser autrement la question des devoirs des parents :

- « *Nous parlions du logement tout à l'heure, en disant que c'était un besoin des enfants que d'avoir un logement qui soit suffisant... On peut penser qu'effectivement c'est le rôle des parents mais on peut se demander si ce n'est pas un devoir social plus général. On peut se demander si la responsabilité ne déborde pas celle des seuls parents.*
Par rapport à ça, je crois qu'effectivement il faut faire la part des choses. Moi, je pense que dans une situation donnée il faut demander aux parents d'être attentifs aux besoins de leurs enfants et d'y répondre en fonction de leur propre situation aussi. Les enfants selon les milieux, selon la ville ou la campagne, ne sont pas habitués à vivre de la même manière, et je crois justement que les parents doivent être attentifs, s'ils ont un logement exigu, à arriver à proposer aussi à leurs enfants des activités à l'extérieur.

Pour le reste effectivement, il y a un rôle social qui n'est pas toujours rempli, de permettre à des familles d'avoir un logement correct. Il y a énormément de situations pour lesquelles on ne fait rien, et sur lesquelles les services sociaux se cassent la tête. Ces situations seraient en grande partie résolues si la famille était correctement logée. Ça c'est évident.
C'est l'un des problèmes essentiels. Il y a beaucoup de placements qui sont faits parce que les parents ne se rendent pas compte que vivre dans un hôtel, chez des amis, changer toutes les semaines d'hébergement, pour un petit bébé ça ne va pas. Parce qu'ils ne se rendent pas compte que les conditions de logement, c'est à dire de mauvais entretien du logement, l'insécurité par rapport à un risque d'expulsion, des choses comme ça, sont préjudiciables aux enfants. Parce qu'ils n'ont pas de logement, tout simplement. Mais ça, il y a un rôle social qui n'est pas rempli. Ça, ça reste quelque chose d'important. Après, en fonction de chacun des logements, je dirais, il y a des parents qui se débrouillent avec un petit logement, d'autres pas, qui repèrent les besoins que peuvent avoir les enfants de bouger, de sortir, d'avoir un petit coin à eux, où ils peuvent jouer même si le logement est tout petit, d'avoir un coin où ils peuvent aller s'isoler. Il y a des enfants qui vont avoir besoin de s'isoler, d'autres au contraire beaucoup moins. C'est là, je crois, que le rôle des parents est essentiel. C'est en fonction des conditions de logement par exemple, pour prendre ce thème-là, qui existent, comment ils vont pouvoir adapter l'éducation de leurs enfants. A mon avis, être parent ça demande une grande capacité d'adaptation, surtout quand on a d'importantes difficultés ». (Juge des Enfants)

La question des devoirs des parents ainsi posée débouche inéluctablement sur celle des droits :

- « *C'est la définition même de l'autorité parentale. Le texte dit "l'autorité parentale appartient aux père et mère pour protéger l'enfant". Donc dans la même phrase, je crois que tout a été dit. C'est à dire qu'effectivement, ils ont une autorité parentale, qui fixe des droits : le droit d'avoir des contacts avec leurs enfants déjà, c'est à dire que malgré des difficultés, le juge des enfants ne peut séparer des parents et des enfants que si c'est absolument nécessaire ; le droit de choisir tel ou tel mode d'éducation, et par exemple là encore le juge doit tenir compte des convictions philosophiques ou religieuses des parents dans l'éducation des enfants ; le droit de choisir avec qui l'enfant a des contacts, le droit de choisir quelle école il fréquente, oui, ils ont tout un tas de droits, et qu'il faut respecter. Mais à condition que ces droits soient bien exercés pour protéger l'enfant comme la loi le demande*».
(Juge des Enfants)

Alors que les devoirs amènent nos interlocuteurs à développer leur propos, on peut remarquer que les droits des parents les laissent plus circonspects :

- « *J'imagine que les parents ont des droits, mais j'arrive moins à les illustrer. C'est à dire qu'un parent a le droit de choisir le meilleur établissement scolaire pour son enfant. Il a le droit, dans son travail d'éducation, à autoriser son enfant à partir en vacances avec la maison de quartier. Le parent a le droit de donner une fessée à son enfant, mais il n'a pas le droit de le battre. Mais tout ça, c'est à replacer par rapport à un devoir* ».
(Travailleuse sociale)

- « *Je ne pense pas que les parents aient des droits vis à vis de leurs enfants. Je pense qu'un enfant n'appartient pas à ses parents* ». (Travailleuse sociale)

Quelques enseignants sont même particulièrement restrictifs :

- « *Ils ont le droit d'exiger de notre mission d'enseignant que l'enfant ait accès à l'enseignement. C'est le seul droit que je leur attribue : le droit à l'enseignement pour leurs enfants* ». (Enseignante)

- « *Punir et sanctionner les enfants pour leur donner des repères* ». (Enseignante)

On voit, à travers ces quelques propos, que la question des droits et des devoirs des parents et des enfants ne laisse pas indifférent, et qu'elle permet d'entrevoir des conceptions variées de la place et du rôle de chacun. Alors que la mobilisation du droit aurait pu permettre de dégager un consensus, on constate au contraire des interprétations nombreuses, inspirées par la fonction occupée et / ou revendiquée et par l'idéologie de chacun, sans pour autant que celle-ci soit reconnue. On ne manquera pas de s'en étonner de la part d'intervenants qui détiennent un pouvoir d'autant plus grand sur leur public qu'ils réinterprètent ou nient les droits reconnus dans la loi.

A la lecture de ce qui précède, un consensus dominant apparaît sur l'équilibre entre droits et devoirs mutuels, même s'ils sont peu illustrés. Peut-on penser qu'il s'agit là d'une question difficile ?
La question des droits et devoirs renvoie-t-elle à des implicites sur le rôle et la place de chacun dans la famille ?

Ne pourrait-elle pas introduire un débat sur les espaces et les modes de négociation ?

II- Un repérage des problèmes par les professionnels interrogés

Les discours tenus sont rarement homogènes, et les éléments de stigmatisation des familles énoncés de façon à peine nuancée, sont parfois relativisés lorsqu'il s'agit de développer la pensée. Certains tiennent des propos contradictoires... Il est, dans le halo des représentations, souvent difficile de déceler les tendances, des plus « sévères » aux plus nuancées, explicatives et compréhensives, sachant qu'un même interlocuteur peut les développer toutes à la fois.

Le comportement des enfants est souvent apprécié comme révélateur d'une structure familiale, d'un mode de communication rompu ou problématique entre parents et enfants :
- « *Des enfants qui reproduisent les violences subies*». (Enseignant)
- « *Les gamins qui traînent dans la rue et stationnent dans les cages d'escalier, qui ne travaillent plus à l'école parce que les parents ne savent pas occuper leurs enfants pendant les loisirs, au retour de l'école* ». (Policier)
- « *Des enfants qui ont de plus en plus d'influence sur les parents* » (Policier), « *qui négocient tout* », qui « *rejettent toute forme d'autorité* ».
- « *Des enfants qui ne savent pas se concentrer, n'écoutent pas en classe... parce qu'issus de familles nombreuses* ». (Enseignante)

Quand il ne s'agit pas de violence ou de conduites délictueuses, on évoque la turbulence de certains enfants,

« *qui oublient ou ignorent les règles de politesse, ne savent pas s'asseoir à table* », qui « *manquent de repères* » (Enseignant-Policier-Travailleurs sociaux). Il reste sous-entendu que la famille n'a pas su ou pu les transmettre.

Quelles sont, pèle mêle, pour nos interlocuteurs, ces familles à l'origine du désordre ?
- « *Des familles qui s'en foutent* ». (Policier)
- « *Des familles où l'on constate un gros déficit d'autorité* » (Magistrat), des parents qui « *attendent qu'on sanctionne pour eux* ». (Enseignant-Travailleur social)
- « *...qui ont peur de leurs gamins* ». (Policier)
- «*... prennent pour argent comptant ce que raconte l'enfant* » (Policier), qui « *maternent* », « *élèvent dans la ouate* ». (Enseignants)

Au sujet des familles, les qualificatifs de « *dépassées, démunies, inquiètes* » rassemblent plutôt enseignants et travailleurs sociaux. Certains policiers évoquent le manque de confiance, le manque de dialogue entre parents et enfants.

Un certain consensus s'établit autour de la structure des familles « incriminées ». Il s'agirait de familles en situation de précarité sociale.
La précarité a ses « images » : la représentation des « milieux populaires » à la manière des procureurs de l'ordre social du XIXe siècle a la vie dure.
- « *C'est des enfants qui sont d'un milieu populaire (je veux bien dire entre guillemets) où les enfants sont plus ou moins livrés à eux mêmes* ». (Enseignante)

Les représentations que les professionnels ont des milieux populaires s'alimentent parfois de clichés supposés rendre compte du cadre de vie, des conditions dans lesquelles on

pense que se développe, s'aggrave la misère sociale, économique et affective.
- « *Les parents sont la deuxième ou troisième génération de chômeurs successifs* ». (Enseignant)
- « *Des pères qui ne travaillent pas, c'est pas structurant pour les enfants* ». (Enseignant)
- « *C'est une population défavorisée, des familles assistées, je dirai même , en général, en HLM : ça, c'est le type même du jeune délinquant* ». (Policier)
- « *...des enfants qui ont de grosses difficultés en lecture, en écriture, des enfants qui sortent pas forcément de leur quartier, qui sont toujours au même endroit* ». (Travailleur social)
- « *...Moi, je pense qu'il aurait fallu, bon on parle de contraceptifs, moi je pense qu'on aurait pas dû laisser trop faire d'enfants dans certains milieux...* ». (Policier)

Les familles d'origine étrangère restent assez souvent suspectées. Les protections que leur confèrent les lois sur la discrimination relativisent le discours... Il rejaillit implicitement par le biais de comparaisons avec certaines familles « françaises » qui ne sont « pas meilleures ».
- « *C'est clair, c'est la réalité: c'est des personnes d'origine maghrébine, les parents laissent de côté leur enfant (...).Faut nuancer, il y a aussi des parents français. La plupart du temps, c'est des parents divorcés...* ». (Policier)
- « *Beaucoup de problèmes avec les familles d'origine algérienne... Au niveau des familles maghrébines, elles (les filles) ne sortent pas, elles sont plus serrées*». (Policier)

Dans l'un des discours, l'origine étrangère est plutôt valorisée :

- « *Dans les familles maghrébines souvent, il y a eu des cultures familiales qui se sont transmises...* ». (Travailleuse sociale)

On trouve aussi des représentations schématiques qui se veulent explicatives des difficultés :
- « *... Ici en France, bon là on sait de quoi on parle (...) dans les familles maghrébines, des parents qui ont été élevés là-bas dans leur pays et qui ont subi une éducation très dure... c'est la base de nombreux conflits entre les parents* ». (Policier)

A noter que les rares fois où sont citées les « familles de gitans », il n'est fait allusion à aucune circonstance atténuante.
- « *... des parents qui profitent de la minorité de leur enfant pour leur faire faire des délits...* ». (Policier)

L'écart à la norme de composition familiale reste un marqueur social efficace. Ainsi, les familles nombreuses font l'objet d'un regard particulier :
- « *... en général les familles nombreuses, ça pose beaucoup plus de problèmes* ». (Policier)
- « *... c'est des enfants bien souvent issus de familles très nombreuses, qui ne savent pas se concentrer, qui n'écoutent jamais...* ». (Enseignant)

Quant aux familles monoparentales ou recomposées, elles apparaissent aussi, dans les discours recueillis, comme sources de problèmes.
La monoparentalité s'associe à l'absence de père dans la majeure partie des cas, absence qu'on retrouve également dans la configuration classique des « familles à problèmes » sans qu'il y ait eu de rupture conjugale. Il s'agit là d'absence par démission passive...

La femme se retrouvant généralement en place de « monoparent », on se représente la famille ainsi « composée » comme le creuset probable de risques où se cumuleraient un rapport fragile des femmes au travail une précarité des revenus, une autorité vacillante en l'absence de l'homme, une « dépendance affective » qui déboucherait sur les relations à des partenaires multiples et la procréation d' « *enfants du hasard* ». (Policier)
- « *... grand nombre de familles désunies, monoparentales, des femmes seules qui ne le sont d'ailleurs pas tout le temps seules* ». (Enseignant)

La recomposition familiale, quant à elle est souvent vécue comme une « décomposition » du modèle idéal, et rarement associée à l'idée d'une construction qui tendrait vers un nouvel équilibre. S'écarter du modèle est toujours un facteur aggravant.

Plusieurs interlocuteurs (travailleurs sociaux-enseignants) tentent d'aborder la structure de communication au sein des familles et s'attachent à penser l'origine des problèmes de comportement des jeunes en terme de « défaillance » des modes de transmission des valeurs, des savoirs faire associés parfois aux carences de lieux traditionnels de socialisation et de production d'estime de soi (usine, école).
- « *Nos élèves, aujourd'hui, sont issus de familles jeunes elles-mêmes et n'ont pas reçu une éducation très structurante. Il n'y a pas de modèle parental... Cette espèce de transmission de savoir, de connaissance.... C'est plus possible. Tout un savoir-faire pour éduquer les enfants n'est plus transmis* ». (Enseignant)
- « *On va avoir des enfants qui ignoreront le but de la frustration, qui vont se situer dans la toute puissance...* ». (Enseignante)

- « *Les parents ne savent pas ou plus comment transmettre les règles et valeurs* ». (Travailleur social)

Sur l'ensemble des discours, on parvient à repérer des catégories dans lesquelles vont être mis les parents. Ainsi, on entendra évoquer les « *parents incompétents* », les « *parents inquiets, perdus* » et les parents « *disqualifiés* »

Les « *parents incompétents* » sont ceux « *qui ne voient pas et qui ne veulent pas voir* » (Travailleur social), « *les parents qu'on a en face de nous ne se sentent pas concernés. C'est toujours le gamin du voisin qui est la cause des troubles* ». (Travailleur social)

Il y a ceux qui sont « *immatures* », « *des personnes qui n'investissent pas leur enfant, qui n'investissent pas leur responsabilité de parent* ». (Travailleur social)
« *Il y a certains parents qui ont tendance à voir leur enfant comme des anges et des martyrs* » (Enseignant), et nos interlocuteurs pensent souvent avoir un regard plus objectif sur les enfants que les parents sur leurs propres enfants.

Beaucoup évoquent des « *parents inquiets* » qui « *ont peur que leur enfant tourne mal, ils s'inquiètent de son travail* ». (Enseignant)
« *Certains ont l'air désemparé et expriment le fait qu'ils ne s'en sortent pas. Ils ont effectivement des graves inquiétudes sur leurs enfants, ils font de grandes projections sur eux (...) ils sont mangés par l'inquiétude, ils pensent que leur enfant est un petit délinquant* ». (Enseignant)
Inquiets, les parents sont aussi perdus : « *ils sont souvent perdus, ils ne savent plus quoi faire* ». (Travailleur social)

Un autre type de discours (essentiellement chez les acteurs de l'action sociale et éducative) recoupe parfois le précédent, et met l'accent sur le fait que les parents se sentent disqualifiés.
« *Ce sont des parents qui ne savent plus faire, des parents qui ne se font plus confiance sur leurs ressources propres. C'est comme quand on doit faire la cuisine. Les parents pensent que tout est dans les livres, ils oublient qu'ils ont des capacités (...) Je pense que les parents culpabilisent très très vite parce que la société dit aussi « il est délinquant, regardez ses parents ! » ».* (Travailleur social)
- « *Les parents se sentent, pour une partie d'entre eux, disqualifiés. C'est-à-dire que la scolarité, ils n'arrivent plus à suivre, ils sont dépassés (...). Le monde dans lequel on vit, ça va trop vite pour eux. Ils n'ont pas de boulot, ils sont sur la touche (...). Et ils se sentent disqualifiés pour permettre à leur gamin de rentrer de plain-pied dans cette société qui les a mis, eux, dehors (...). Souvent, ils se justifient un petit peu. Ils expliquent qu'ils font tout pour lui, qu'il a tout ce qu'il faut à la maison, il y a la télé, il y a la séga (...), ils ont besoin d'un petit peu de reconnaissance ».* (Travailleur social)
- « *La majorité, ce sont des gens qui sont beaucoup en demande d'aide, en demande d'écoute et de reconnaissance dans leur difficulté, et qu'on leur fasse confiance aussi, tout en reconnaissant leurs difficultés ».* (Travailleur social)

Le manque d'espoir, d'espérance en la réussite sociale, fabrique l'ennui et le repli sur soi. Le désœuvrement des jeunes qui traînent produit de l'inquiétude chez les parents, voire un sentiment de disqualification. La « démission » de certains parents qui renoncent à la valorisation du travail scolaire de leur progéniture, à faire œuvre d'autorité, est assez souvent évoquée. La récurrence des discours faisant état de démission des parents mérite une attention particulière aux propos des personnes interviewées. Elle divise largement les points de vue.

Parmi les personnes d'accord pour parler de démission des parents, on trouve surtout des enseignants et des policiers.
- « *Oui, il y a une démission, c'est clair. À mon avis, c'est clair dans la mesure (…), mais c'est un sentiment tout à fait personnel… Je pense qu'on est dans un pays où les gens ont trop l'habitude de l'assistanat. (…) Pourquoi se lever tôt le matin, alors que, finalement, on est aidé derrière. Pourquoi aller travailler ?* ». (Policier)
- « *Je pense qu'effectivement, c'est un discours qu'on a souvent entendu, que les enseignants tiennent, ont tenu, tiendront peut-être encore. C'est vrai que certains parents ont démissionné. On vous le met à l'école maternelle parce qu'on n'en vient plus à bout. Donc, ça dit bien ce que ça veut dire. Il est évident qu'on ne peut pas généraliser à partir de cas particuliers, mais il existe des familles où, effectivement, les parents n'ayant pas su prendre les dispositions qui s'imposent, n'arrivent plus à être maîtres de leurs enfants. (…). La démission des parents est effective à certains endroits. Elle n'est pas générale, mais elle existe. Il ne faut pas se voiler la face et l'école ne peut pas, à ce niveau-là, pallier à la démission des parents. Elle peut faire quelque chose, mais l'école, à elle toute seule, ne peut pas pallier tous les problèmes que la société rencontre* ». (Enseignant)
- « *La démission des parents ? Oui, parce que je pense que rien que pour avoir un peu de tranquillité dans le foyer, on va mettre l'enfant devant l'appareil de télévision. Je ne conteste pas, les émissions sont parfois bonnes, mais seulement le parent n'a pas pris attention à ce qu'on présente. Ce ne sera pas d'aspect culturel, ce sera le petit dessin animé qui va calmer parce qu'il y a des couleurs, du mouvement. Ça, c'est pas éduquer un enfant. Je suis peut-être un peu sévère, mais vous m'avez sollicitée ce*

matin alors je donne mon avis. *Ça fait 33 ans que je suis dans l'école et je l'ai vue autrement ».* (Enseignante)
- « *Oui, oui, c'est clair, il y a démission. (...) Ça veut dire que les parents laissent faire complètement, considèrent qu'il n'y a plus rien à faire, que leur enfant fait des bêtises, mais qu'ils ne peuvent plus rien faire ».* (Policier)

Il est frappant de constater l'opposition que cette idée suscite chez les acteurs de l'action sociale et culturelle.
- « *Les gens qui parlent de démission des parents, peut être qu'ils ne sont pas encore parents, peut être qu'ils n'ont jamais eu de « coups durs » avec leurs enfants. Ça ne veut rien dire, la démission des parents. Les parents, quand ils démissionnent, ils sont fatigués. Parler de démission, je ne crois pas à ça. Sinon, il y en a partout. Moi je vois bien, dans les collèges, il y a de la démission de profs. J'ai déjà vu des profs mettre du cognac dans leur café pour retourner en cours, pour avoir la force de retourner dans la cage aux fauves, comme ils disent... Dans ce cas, c'est pas de la démission de parent, c'est de la démission de référent adulte... ».* (Travailleur social)

- « *La démission des parents... c'est un discours qui est souvent trop rapide et trop plaqué. C'est une phrase qui s'est un peu trop généralisée et notamment dans le milieu scolaire. Il y a des parents qui ne s'en sortent pas avec leur enfant et qui ne sont pas démissionnaires ».* (Travailleur social)

Dans l'action éducative, le terme de démission pose problème aux interlocuteurs, même s'ils repèrent certaines difficultés :
- « *Je ne crois pas qu'ils démissionnent véritablement. Je crois qu'ils se trouvent dans une situation où ils n'ont pas les outils, donc ils se débrouillent (...) Mais les parents qui démissionnent, c'est comme les chômeurs qui profitent des*

Assedic, c'est une infime minorité, mais on ne parle que de ceux-là ».
- « Je ne sais pas trop... Tout le monde démissionne : la justice démissionne, l'Etat démissionne (...) Je ne vois pas pourquoi les parents ne se déchargeraient pas, certes, à tort, de ce qui les concerne (...) Pourquoi on en demanderait plus aux parents ? ».

On voit ici que la réalité rencontrée dans le cadre de la fonction exercée a une incidence sur les propos tenus à ce sujet. Les parents peuvent être perçus comme en difficulté dans l'éducation de leurs enfants, mais ils sont aussi vus dans leur recherche, voire leur détresse.

- « Ce que les parents expriment, à un moment, c'est un sentiment d'impuissance, de difficulté, mais ce n'est pas une démission. Venir voir un éducateur et dire qu'on s'en sort pas avec ses gamins, c'est une démarche difficile. S'ils s'en foutaient complètement de leurs gamins, on les verrait pas ». (Travailleur social)

Dans cette partie où les professionnels évoquent les problèmes qu'ils ont repérés dans les familles, on observe des avis divergents, parfois nuancés, sur les attitudes parentales, notamment lorsqu'ils sont attentifs aux conditions d'éducation de l'enfant. Cependant, la stigmatisation apparaît largement dans les discours, et l'écart à la norme, quelle qu'elle soit, tient alors lieu d'explication suffisante. Par contre, l'association qui est faite par certains professionnels entre les familles monoparentales ou recomposées et les problèmes éducatifs est majoritairement rejetée à la fois par les parents et par les jeunes qui ont répondu au questionnaire.

III – Sanctionner les familles en difficultés ?

Les divergences de point de vue exprimées autour de l'idée de démission des parents, réapparaissent lorsqu'il s'agit de se prononcer sur la question de la sanction de ceux qui sont présumés coupables des agissements de leur progéniture.

A noter que s'il y a un relatif consensus sur les éléments qui font problème, il y a opposition de point de vue sur la manière de les apprécier donc de les sanctionner.
Tous sont d'accord pour signaler et informer les parents de ce qui se constate. L'implication des parents est souhaitée.

Ceux qui appellent à la sanction recourent essentiellement à trois modalités :

1 - La sanction par l'argent :

La menace essentielle que représente la possible suppression des allocations familiales ou leur mise sous tutelle est, semble-t-il, la mesure d'intimidation la plus évoquée sans présumer de l'efficacité de son usage.

Les amendes qui sont susceptibles d'enclencher un processus de prise de conscience et de constituer un moyen de restauration de l'autorité des parents sur le mineur sont des mesures occasionnellement souhaitées.

2 - La sanction par la contrainte ou la manifestation de la force :

Le droit de « correction » (gifle) fait encore partie des amertumes qu'éprouvent ceux qui regrettent les manières d'autrefois (Travailleur social - Policier).

La contrainte par corps, qui consiste à aller chercher l'enfant qui fait l'école buissonnière à son domicile est une modalité qui reste marginale (Enseignant).
Une fois citée : « *rendre le lycée inaccessible à ceux qui y viennent comme à la garderie* ». (Enseignant)

3 - Les mesures de réparation :

« *Les enfants doivent payer les dégâts* ».
Les « policiers », plus confrontés aux manifestations « délictueuses » des adolescents, ont tendance à stigmatiser le rapport de cause à effet. A comportement déviant des jeunes correspond « *l'incompétence des parents* », leur « *démission* » voire leur « *complicité* ». Ils sont plus volontiers prêts à mobiliser l'arsenal des sanctions disponibles en la matière, même s'ils doutent parfois de leur efficacité.
- « *Je me demande si, quelque part, il n'y a pas le bâton pour leur faire comprendre quelque chose, parce que le reste, j'ai l'impression que le dialogue et brosser dans le sens du poil, ça ne marche pas tout le temps* ».
- « *Il faut sanctionner quand les parents baissent les bras* ».

4 - Des interrogations sur le sens et la portée des sanctions :

Les travailleurs sociaux mettent en avant l'inquiétude, l'absence de repères, les savoir-faire éducatifs qui se délitent faute de modèle ambiant ou transmissible.
Ils évoquent plus volontiers des facteurs externes, explicatifs, selon eux, des phénomènes qui amènent les parents à se sentir disqualifiés.
Pour eux, la sanction est source d'injustice, facteur d'aggravation des phénomènes de stigmatisation,

lorsqu'elle touche aux ressources de la famille. Elle déstabilise plus qu'elle ne fait prendre conscience.
- « *Pas la peine d'en rajouter, les sanctions existent déjà au niveau de la famille* ».
- « *Sanctionner par l'argent c'est renforcer la place toute puissante de l'enfant qui va en jouer* ».

Les enseignants ont des avis partagés, du tout répressif avec évocation à l'extrême des vieux poncifs d'antan, à la mise en doute de toute efficacité des mesures répressives.

La suppression des allocations familiales par le biais du signalement de l'absentéisme scolaire a ses adeptes (« *Sanctionner par les sous, ça, ça les intéresse* »), ... et ses sceptiques (« *Si les parents sont sanctionnés, ça va les faire réagir, mais pas certain que la suppression des allocations ça change... Ca risque d'entraîner plus de haine* »).

Si certains enseignants expriment un avis contre tout système de sanction à priori, la plupart souhaitent voir la sanction assortie d'explications, de mesures éducatives.
Un interlocuteur souhaite que l'école ait son propre système de sanctions.

Imaginer la sanction et la mobilisation de l'arsenal des mesures de répression, discuter de l'opportunité de la sanction, de son efficacité, présupposent l'identification d'un responsable. On retrouve, chez les interviewés, le clivage qui existait entre ceux qui évoquaient la « *démission* » et « *l'incompétence* » des parents, et ceux qui parlaient davantage d'inquiétude et de disqualification.

Il reste apparemment difficile d'imaginer sanctionner une incompétence. C'est ce qui fait dire à certains que la sanction n'aura pas d'impact puisqu'il n'y a pas de capacité à restaurer une autorité de toute façon... La sanction, notamment par l'argent, non seulement restera sans effet, mais viendra perturber davantage l'équilibre économique déjà fragile.

Ceux qui qualifient les familles d'incompétentes auront plus tendance à tenter l'application de mesures répressives, même s'ils ne sont pas entièrement persuadés des effets.

Ceux qui tentent une approche compréhensive des conditions dans lesquelles la famille doit faire œuvre d'éducation auront tendance à douter de tout système de sanction à priori.

IV - L'aide aux parents

Lors des entretiens, une des questions abordées concernait l'aide à la parentalité. La majorité d'entre eux évoque la nécessité d'apporter une aide aux parents, le plus souvent en lien avec des difficultés abordées auparavant. Le contenu de cette aide renvoie généralement au domaine professionnel propre à nos interlocuteurs, et donc au champ de compétences et d'expériences des différents acteurs sociaux interrogés.
A propos de l'aide, on évoquera ici ses objectifs, ses contenus, et les formes qu'elle peut prendre.

1 - Une aide liée à un cadre d'exercice et à des compétences professionnelles spécifiques :

C'est ainsi qu'à l'intérieur d'un même groupe professionnel, il est possible de relever des convergences d'opinion selon l'activité exercée :

1.1. les policiers :

L'aide consiste le plus souvent en une orientation vers des structures, des dispositifs, en partenariat avec différents professionnels de la justice, du travail social, de la santé, de l'éducation nationale. Quelle que soit leur fonction, les policiers se rejoignent pour estimer qu' *« il existe des structures, il y a tout un tissu social partout ».* Cet avis peut se décliner comme suit :
- *« On a des familles qui sont demandeuses, elles veulent que l'on intervienne, on peut les orienter vers des organismes sociaux, les diriger vers les personnes compétentes pour qu'elles puissent s'en sortir ».*
- *« Quand c'est un mineur auteur (de délits), on essaie d'expliquer aux parents les solutions à apporter, voir le juge des enfants, (...) ou suivi par un éducateur... ».*
- *« Avec des familles à problèmes, on essaie de voir avec un service social ou un foyer, une association pour les orienter ».*

Ces policiers, dans leurs rôles respectifs, relèvent la difficulté d'aider alors qu'ils reçoivent le plus souvent enfants et parents en situation de crise. Comme le dit un inspecteur : *« on travaille dans l'urgence, et lorsqu'on reçoit les parents, ce n'est pas un contexte qui permet réellement d'instaurer un dialogue (...). Ce n'est pas évident pour une famille qui a des problèmes pour élever ses enfants de se confier comme ça à un inconnu (...), même si on essaie de montrer qu'on est là pour aider les gens ».*

L'aide n'est pas seulement à situer dans le domaine de l'explication, de l'orientation. En effet, dire la loi, poser une sanction constituent aussi une aide, qui, selon un policier, ne s'adresse pas seulement aux parents, ou pas à eux directement : *« moi le social seul, j'ai du mal à y croire, c'est sûr qu'il faut dialoguer, mais il faut de la répression aussi, des mesures pour faire comprendre aux délinquants ce qu'ils font, qu'ils sortent de la loi ».*

1. 2. les juges des enfants :

Cette aide aux parents se traduit par différentes décisions, prises après connaissance du dossier, et investigation complémentaire si nécessaire.
Les juges des enfants évoquent à ce sujet un travail indispensable de relais avec différents partenaires institutionnels :
- *« Moi, une mesure judiciaire sans les institutions derrière, je ne pourrais pas (...) On voit des parents débordés... Aider, ça peut être l'éducateur qui va travailler la socialisation (...), ou encore développer des réseaux de proximité auxquels ils peuvent faire appel ».*
Aider les parents, dans le cadre judiciaire, c'est aussi *« faire exercer une mesure d'AEMO (de milieu ouvert), aide et conseils dans les démarches administratives, dans le logement, de réinsertion dans le tissu social, ça peut être des démarches d'orientation vers un suivi psychologique, une réflexion sur certaines difficultés des parents, favoriser le dialogue où il a été interrompu ».*

En cas de décision de placement, l'aide à la parentalité, inhérente aux missions de protection de l'enfance, peut s'opérer dans le cadre du maintien des liens parents - enfants :
- *« La loi prévoit qu'en cas de placement, il est nécessaire de maintenir les liens... Même avec des parents qui ne vont pas bien, ou qui leur ont fait mal, c'est quelque chose de nécessaire... Aucun projet de retour n'est possible s'il n'y a pas maintien des liens... ».*
Cette opinion partagée s'exprime aussi dans les termes suivants : *« L'importance de maintien du lien (...), c'est*

parce que la protection de l'enfance passe par le respect du droit des parents (...). Moi, je n'ai pas à prendre en compte l'intérêt des parents, mais leurs droits, oui. Quand je prends une décision, dans l'intérêt des enfants, il faut qu'elle respecte toujours les droits des parents ».

Au sujet des mesures judiciaires, les juges des enfants évoquent la recherche d'adhésion des parents, qui figure dans les termes de la loi, et la nécessité du respect de la place de chacun dans ce travail en commun :
- « *le cadre judiciaire s'impose, mais en même temps, il faut être bien conscient que quand les parents ne sont pas d'accord (...), si les parents n'ouvrent pas la porte aux éducateurs, ça ne servira à rien ... ».*
Dit autrement : « *mettre en place des mesures éducatives adaptées, recréer du lien (...). Quand on a les parents dans le coup, on peut arriver à des résultats »* .

Cette adhésion prend des formes complexes, comme l'exprime un de nos interlocuteurs : « *rechercher l'adhésion, ça ne veut pas dire qu'il faut parvenir à ce que la famille soit d'accord, sinon on serait des négociateurs hors pairs, mais cette recommandation exige que la famille soit entendue et respectée ».*

Dans le cadre judiciaire lui-même, une mesure "d'aide et soutien" ne va pas de soi : la difficulté d'aider les parents, malgré leurs résistances, apparaît clairement dans les propos suivants :
- « *Le juge représente l'institution judiciaire, avec l'aspect autorité que cela comporte, mais en fait, moi j'ai l'impression de passer mon temps à négocier avec les gens : essayer d'arracher une adhésion, ouvrir les portes ensuite à des services éducatifs pour qu'ils puissent faire leur travail »* ... ce qui, avec quelque nuance, s'exprime

aussi de cette façon : « *Mon travail, c'est les obliger à ne pas démissionner, et ce n'est pas simple...* ».

Cette aide a pour objectif de permettre aux parents de prendre conscience de leurs capacités de mobilisation, ainsi que de leurs limites pouvant mettre en danger l'enfant :
- « *Le travail avec les parents, il doit être fait pour aider les parents à se structurer, soit pour trouver les moyens éducatifs pour suppléer à cette carence parentale (...) ; s'il y a trop de déficit, il y a besoin d'un cadre que les parents ne sont pas en capacité de donner...* ».

Nos deux interlocuteurs se rejoignent sur la nécessité de cette prise de conscience des difficultés, préalable à tout travail :
- « *Un aspect important du travail de parent est de repérer les difficultés qu'on a à être parent. La capacité à dire, à penser, "j'ai besoin d'être aidé", distingue les parents que rencontre le juge des autres parents* ».

Au delà d'un cadre strictement professionnel, un juge note qu' « *une part importante du soutien à la parentalité consiste à restaurer le dialogue entre parent et enfant, ce qui suppose un travail de reprise de confiance en soi. Parfois la simple mise à plat des problèmes va suffire* ».

1.3. les enseignants :

Qu'ils soient instituteurs, professeurs en collège ou en lycée, ou encore chargés de direction, les enseignants évoquent avant tout l'aide centrée sur l'élève, en termes d'aide aux devoirs, de soutien scolaire, en établissement scolaire, ou avec différents spécialistes, ou encore en partenariat avec les structures présentes dans le quartier (centre social) : « *il faut suivre la scolarité des enfants, faire attention à son emploi du temps et à ses occupations ».*

La sanction éducative est incluse dans cette notion d'aide, en lien avec le respect de l'autorité et du cadre scolaire :
- « *Si on doit passer par la sanction, on essaie qu'elle soit éducative, pour qu'on dise à celui qui est sanctionné de faire mieux, et mesurer qu'il a mieux fait, c'est à dire qu'on ne veut pas stigmatiser les parents par rapport au manquement de leur enfant ».*

L'aide envers les parents est énoncée avant tout comme une écoute :
- « *Moi, j'accueille des parents en détresse psychologique pour une écoute* », un partage d'inquiétudes et de questions : « *savoir écouter déjà, être très à l'écoute des gens, de façon plus qu'attentive, presque affective, donner du temps, un peu de son expérience de la vie, d'enseignant »,* afin de comprendre au mieux l'élève et ses difficultés.
Aider les parents, c'est aussi les valoriser :
- « *Positiver, voir ce que la personne sait faire pour qu'elle ait quelque chose à apporter à ses enfants ».*
Il peut s'agir encore d'instaurer le dialogue pour comprendre ce qui peut mettre l'élève en difficulté, et qui peut renvoyer à un climat familial particulier, comme l'énonce aussi un directeur d'établissement :
- « *Je parle ici de gros incidents, fugues, abus de toutes sortes ... J'essayais d'aller sur les questions de relations au sein de la famille, du positionnement du père et de la mère... Quand on en arrive là, on essaie de travailler sur les relations à l'intérieur de la famille prise comme une unité, sans pour autant imposer de modèle, une réflexion sur leurs façons d'être... mais tout ça pas devant l'enfant bien sûr... ».* Cette intrusion dans le domaine privé suscite prudence et interrogation sur sa légitimité même, comme poursuit notre interlocuteur : « *Est-ce que c'est du ressort*

d'un chef d'établissement, je n'en sais rien... En cas de problème important, on peut arriver à discuter de choses comme ça, et je pense qu'on arrive plus facilement à traiter des problèmes très individualisés d'élèves qui dysfonctionnent quand on a mis cela au clair... On repositionne les choses (...), on ne peut faire autrement que d'aller sur la vie privée, l'histoire personnelle, en ayant tout le temps soin de demander des autorisations : « Si je vais trop loin, tu me le dis,(...) tu sors le carton rouge et tu dis : « stop ». Ca c'est indispensable. ».

Dans ce domaine de l'aide, s'exprime le souhait de rencontrer les parents en dehors du cadre strict de la scolarité (remise des bulletins ou conseils de discipline) :
- « *On vous propose de venir, mais pas seulement parce que votre fils a fait des bêtises* ». La place des parents dans l'école ou le collège est souvent recherchée, pour « *faire en sorte qu'ils ne viennent pas au collège uniquement en cas de problème* ». Cette recherche de contacts peut s'inscrire dans le domaine du projet de l'établissement et des différentes actions mises en œuvre : « *nous avons pris comme choix d'associer les parents à des séquences de formation et d'information ayant trait à la prévention des conduites déviantes, la participation des parents étant extrêmement importante en fonction du thème abordé* ».
Cette présence parentale à l'école semble cependant difficile à mobiliser : « *On essaie d'inviter les parents pour s'impliquer dans la vie du collège, assister à la réussite de leur enfant (...) mais ça ne marche pas ...* ».

La cohérence du discours des adultes apparaît comme un moyen éducatif efficace envers les adolescents qui cherchent à opposer enseignants et parents : « *les adultes doivent se souder, dialoguer, et ensemble, on peut travailler à un meilleur suivi. Les adolescents ont besoin de sentir un monde d'adultes qui leur impose des règles, même si les parents ont une position différente de l'institution ».*

Certains enseignants évoquent aussi l'isolement important de nombreux parents : comme l'exprime une institutrice :
- «*Je pense qu'on peut aider à devenir parent(...). On a vite fait de se retrouver isolé, seul face à des problèmes qu'on arrive pas à surmonter ».* Cette opinion est reprise par un de ses collègues : « *On a des familles qui ne savent ni lire ni écrire, ou qui ne viennent jamais à l'école. Il faudrait discuter avec elles, voir si elles rencontrent des problèmes ».* Ou encore par un principal de collège : « *Pousser à faire en sorte qu'il y ait des réseaux d'échanges entre les gens et que les gens ne se sentent pas seuls et puissent échanger. Paroles, échanges de pratiques et de réflexions sur les pratiques et d'explicitation du pourquoi (...) échanges pour dédramatiser et déculpabiliser... ».*

Les enseignants, dans leur discours, rompent avec une vision classique de la relation parent-école, où l'enseignant qui sait, juge l'élève qui ne sait pas, et où il suffirait d'apprendre pour réussir. Cette aide est nuancée, et pour beaucoup, « *il ne s'agit pas de donner des leçons, des modèles stricts valables pour tous, mais de partager les interrogations des parents ».*
Cette aide semble particulièrement nécessaire pour les parents étrangers, peu informés du système scolaire français, de ses contenus et de ses modes de fonctionnement : les rencontres favorisent alors une familiarisation avec la scolarité, un meilleur repérage du travail et du rythme de l'enfant, une connaissance du milieu culturel dans lequel il évolue.

1.4. les travailleurs sociaux :

Dans le domaine du travail social, les réponses sont nombreuses et longuement développées, ce qui est peu étonnant de la part de ces professionnels souvent définis comme des « techniciens de la relation d'aide », dans des métiers à forte composante relationnelle. Selon un interviewé : « *les familles sont plutôt en recherche d'aide, elles veulent voir leurs enfants s'en sortir* ».

Dans les avis exprimés, on retrouve bien sûr la nécessité d'écouter les parents, et cette écoute se décline de différentes manières :
   - Ecouter, suppose déjà de donner la parole aux parents. Comme l'exprime un travailleur social : « *Le plus difficile, c'est de comprendre ce que les gens cherchent, ou ce dont ils ont besoin. Quelque fois, c'est simplement de partager, d'écouter... quelque fois, on a trop vite tendance à orienter...* ».
Selon une médiatrice familiale, cette écoute est un préalable indispensable à toute entrée en relation : « *Conseiller c'est difficile, on les écoute surtout, c'est eux qui ont leur solution mais ils ne le savent pas, on ne conseille pas, on éclaire* »...

   - Cette écoute peut signifier dans un second temps réfléchir ensemble, quand les parents viennent exprimer leurs soucis ; comme le dit une interviewée : « *Permettre à la population de pousser cette porte de maison de quartier pour dire "j'en ai marre". C'est un lieu où ces "j'en ai marre" peuvent être écoutés, posés et repris avec les gens* ».
   - Ce temps d'écoute et de dialogue peut aussi désamorcer certaines situations de ruptures avec les institutions ; selon une animatrice d'action sociale : « *L'action que je mène est de retisser des liens qui ont*

disparu entre enfants, parents et école ». Il peut s'agir de situations de crises, par exemple d'absentéisme scolaire grave ; c'est ce qu'exprime un agent social de la CAF : « *Mon rôle, c'est de discuter avec les parents et les enfants pour voir ce qui ne va pas, ils savent qu'ils peuvent tout dire (...) et souvent quand ils viennent en parler, après les parents se ressaisissent, il se passe quelque chose et on voit que le gamin, il est vraiment retourné à l'école. En montrant qu'ils ne sont pas isolés, on parvient à faire quelque chose...* ».

- Ce temps d'échanges est aussi l'occasion d'expliquer des moments clés du développement de l'enfant, de rassurer les parents et de valoriser cette évolution de leur enfant. Selon une responsable d'association, cette écoute permet de « *soutenir, expliquer ce que leur enfant vit à ce moment là, qu'est ce que c'est qu'un enfant qui grandit, par quelles étapes il passe, de relativiser, dédramatiser certains problèmes tout en ramenant aux besoins de l'enfant*», ou comme le dit une interviewée « *d'éclairer, de déculpabiliser, d'outiller...* ». Une travailleuse sociale ajoute : «*Il faut une aide à la parentalité, dans le sens où les parents doivent avoir des lieux où on les rassure, par exemple dans la petite enfance. C'est un bon moyen de pouvoir partager ses inquiétudes entre parents, (...) qu'on lui dise aussi vous êtes une bonne maman, vous vous préoccupez de savoir comment va l'enfant...et les choses se rétablissent à peu près...* ».

- Cet accueil permet aussi de réfléchir à l'éducation reçue et dispensée. Une éducatrice précise à ce sujet : « *Notre travail est de restaurer une image parentale, qui ne soit ni idéale ni idéalisée (...), de comprendre le parcours des gens, faire des liens, les faire réfléchir sur ce que ça leur a fait d'avoir été élevés comme ci ou comme* ça... », ce qui peut modifier le regard posé sur l'enfant. Comme le précise une directrice de maison de quartier : « *Ce que l'on veut faire aussi, c'est valoriser l'enfant (...), permettre aux enfants de montrer qu'ils font des choses bien. Cela permet de corriger certains regards de parents* ». Selon une conseillère conjugale qui partage ce point de vue : « *Il faut prendre les gens comme ils sont et aller avec eux, leur servir de canne quand cela ne va plus du tout, apprendre à faire du repérage positif, chez le parent comme chez l'enfant* ».

Pour les travailleurs sociaux, l'écoute et le dialogue permettent aussi d'expliquer des décisions prises, facilitent l'adhésion à une mesure de protection de l'enfant, développent la compréhension des situations. Selon un directeur de foyer : « *On essaie de faire un travail éducatif dans tous les cas, peu importe quelle est la situation familiale, quelle est l'origine du placement. C'est un travail d'accompagnement éducatif par l'équipe du foyer, mais ça peut aller jusqu'à un travail thérapeutique avec les parents, si la famille est prête... On essaie de réfléchir ensemble sur le fonctionnement familial, comment on en est arrivé là, qu'est ce qu'il faudrait pouvoir changer ensemble pour que l'enfant retourne dans sa famille* ».

- Ce dialogue privilégie l'aide sur la contrainte : comme l'évoque une éducatrice « *on essaie toujours de les amener à vouloir se faire aider ; quand ils viennent, c'est quelque chose qui est ordonné contre leur gré* ». De même, cette communication peut permettre d'éviter une sanction, pour une responsable de la CAF : « *On va travailler sur la prévention avec les parents. Je les convoque sachant qu'il y a eu du travail avant, je vais dire que le risque est important, faites attention. Donc amener les parents (...) pour discuter des responsabilités autour d'un acte, ça peut être intéressant... Après, supprimer les allocations... ? »*

- Les échanges, les moments partagés, le « faire - avec » constituent une occasion de créer du lien, de mettre en commun des expériences, de faire émerger des compétences. Selon une éducatrice : « *ça peut être aussi une sortie avec parents et enfants, ou autour d'un repas, ça peut être partir en vacances, ça peut être des groupes de paroles entre les parents et les enfants ... c'est des adultes et des jeunes qui sont en souffrance...* ».

- L'importance du réseau de partenaires est ici encore soulignée, mais il ne peut être aidant que si la fonction de chacun est clairement identifiée et expliquée : les professionnels ont à informer de la place de chacun, pour aider les parents à comprendre qui sont leurs interlocuteurs, et ce qu'ils peuvent ensemble mettre en œuvre. Un coordinateur en travail social dit à ce sujet : « *Je crois qu'il faut aussi créer un réseau partenarial, où, quand un enfant pose problème, on puisse savoir vers qui se tourner, vers un éducateur, une assistante sociale, un psychologue... Qu'on l'oriente et qu'on explique aux familles ce que l'on va faire, qu'on ne laisse pas la famille en dehors* ». Pour un autre interviewé : « *il faut toujours rappeler aux enfants et aux parents que les éducateurs ne sont pas les parents... ».*

L'aide est aussi reliée à la notion de responsabilité, des enfants et des parents :
Cet appui doit permettre de se positionner comme parent, comme adulte, quels que soient les conflits et les confrontations nécessaires... Cela signifie aussi que les parents aient ou prennent conscience de leurs difficultés. Comme le dit une éducatrice, « *Le travail, c'est de responsabiliser les parents, mais en les aidant ; il y a*

l'entretien où on les amène à réfléchir ensemble, à prendre position par rapport à leur enfant, pas comme copain, mais bien comme parent... Les entretiens, c'est sur du long terme (...) ».

- Cette communication favorise aussi le maintien des liens en situation de placement, et au delà, une continuité ou une reprise des responsabilités des parents. *« On essaie d'inclure le plus possible les parents dans toutes les décisions qui concernent leur enfant, santé, scolarité, choix des activités (...). On les informe, on leur donne des explications sur ce que l'on fait et pourquoi on le fait... »*, dit à ce propos un directeur de foyer.

- Cette notion de responsabilité est développée aussi par une médiatrice familiale, qui insiste sur la responsabilité de chacun, parent et enfant : *« Moi, je connais des familles, les parents n'ont rien fait pour que leur fils devienne délinquant... Je pense qu'il faut mettre les enfants devant leurs responsabilités et aider les parents à mettre leurs enfants devant leurs responsabilités, sans prendre sur leur dos forcément la faute ; les parents culpabilisent très vite, la société dit aussi "il est délinquant, regardez ses parents". On n'est pas responsable de ce que l'on a vécu, mais on est responsable de ce qu'on va faire de sa vie... ».*

L'isolement des familles, les problèmes de logement, sont autant de raisons d'aides à mettre en œuvre : certains acteurs sociaux soulignent l'importance des actions collectives à impulser dans les quartiers, pour créer des relations positives entre parents et enfants, favoriser les échanges interculturels et intergénérationnels : *« on travaille toujours dans le sens du vivre ensemble , c'est un quartier qui a une diversité, c'est une richesse ».*

Ces actions collectives sont aussi à situer dans un cadre de prévention :
- « *On fait par exemple une action sur le livre et les tout-petits, qui associe les parents, ou encore autour des goûters et des petits déjeuners lecture (...). Donc on peut faire en même temps une action santé, une action hygiène alimentaire, et en même temps on a des conteurs qui viennent raconter des histoires aux enfants et aux parents, et du coup les parents ensuite relayent (...). C'est une façon très intéressante de travailler avec les parents sur la relation avec leurs enfants de façon privilégiée et en même temps d'introduire la relation entre les parents et l'école* ».

- Aider, c'est donc restaurer une image de parents. Dans ce contexte, la reconnaissance des parcours des parents immigrés est plusieurs fois abordée, comme méritant attention et respect, malgré les écarts culturels entre générations qui rendent difficiles leur situation de parents : « *Je pense qu'il y a une reconnaissance des parents à restaurer auprès des enfants, pour que les enfants soient fiers de leurs parents et que les parents soient fiers de leurs enfants* ».

Les groupes de paroles sont évoqués comme moyen d'aide à la parentalité. L'objectif visé est de développer la réflexion avec les parents et les équipes de professionnels, d'enrichir le potentiel de ressources, de réponses possibles des participants à partir des échanges d'expériences entre parents. Comme le dit une directrice de maison de quartier :
- « *Il faut donner aux parents les moyens de comprendre ce qui se passe, faire se rencontrer des parents de milieux différents pour que chacun se rende compte que chaque parent a des difficultés. Ce n'est pas simple d'être parent!* » Cette opinion est partagée par une responsable

de centre de soins : « *C'est mettre ensemble des gens qui ont besoin de parler, ou qui ont un petit savoir qui a marché (à propos des pleurs du petit enfant par exemple), mettre des gens ensemble qui disent "tiens, on vit presque tous la même chose"...Quand on a réussi à faire que c'est moins traumatisant, c'est beaucoup mieux* ».

Ce travail en groupes de paroles appelle quelques précautions déontologiques : leur professionnalisation est réclamée par différents acteurs "ni n'importe quoi, ni n'importe comment", comme garantie du respect des usagers. Une interviewée responsable d'un secteur enfance précise à ce sujet : « *L'aide doit être faite de façon délicate, sensée, réfléchie, et en aucun cas induire des choses encore plus lourdes. (...) Intervenir dans le lien parental, c'est compliqué, parce qu'il y a plein de choses que l'on ne maîtrise pas. Ca doit être mené par des gens qui savent ce qu'ils disent, comment ils le disent et pourquoi, et qui ont fait un sacré travail sur eux-mêmes pour savoir aussi ce que ça réveille en eux ou pas ...* ».

Une travailleuse sociale de la CAF exprime une opinion voisine en ces termes : « *Le soutien à la parentalité est quelque chose d'important, mais il ne faut pas faire n'importe quoi. Nous, on a mené un groupe de parents, mais on les a menés tout doucement, elles étaient volontaires, et avec énormément de respect, voir qu'elles n'étaient pas jugées (...), il faut trouver en elles les ressources pour qu'elles aient leurs méthodes... Là, on peut parler de soutien à la parentalité...* ».

Cette animation de groupe de paroles requiert une certaine modestie des professionnels ; comme l'exprime une responsable de centre de soins : « *Les solutions, seuls les parents pourront se les donner entre eux. Mais les parents entre eux ne se réuniront pas. Alors, il faut une réflexion derrière, très humble, de professionnels qui dans leur trajectoire, ont fait des observations, qui les ont vérifiées...* ».

- Un seul interviewé exprime son scepticisme sur l'aide et ses effets : « *Avec les parents, allez-y, tentez votre chance...J'estime qu'il faut 5-6 ans de travail à temps plein avec des gens comme ça pour rectifier certaines choses...pour les intégrer correctement dans le système* » (coordinateur d'association travaillant sur l'immigration).

2 - Une aide qui s'appuie sur des constantes :

L'aide aux parents est clairement située comme nécessaire, et déjà effective grâce à un ensemble d'institutions, de dispositifs, de structures publiques et privées, complémentaires, bien identifiées par les interviewés. Cependant, si le partenariat est plébiscité, il ne va pas toujours de soi et nécessite une rupture avec certaines habitudes. Ainsi pour être plus aidant, il conviendrait de sortir des lieux fermés et habituels d'exercice professionnel (école ouverte vers les dispositifs de quartier par exemple, liens entre police, éducation nationale et travail social), et de créer des temps d'échanges, de réunions, des moyens de coordonner les actions ...

Cette affirmation de l'utilité de l'aide aux parents présuppose une opinion partagée : être parent ne va pas de soi. La transmission de modèles, de normes éducatives par les générations précédentes est moins opérante dans une société qui se transforme rapidement. A ce propos, une travailleuse sociale souligne « *qu'en règle générale, les parents font un petit peu comme ils peuvent parce qu'on n'apprend pas à être parent, et parce qu'en même temps, les parents d'aujourd'hui sont confrontés à des choses auxquelles leurs propres parents n'ont pas été confrontés...* ».

En conséquence, un apprentissage de la parentalité est possible. Comme le dit un policier : « *On peut apprendre à être parent, on peut suivre des cours, et déjà poser les limites de ce qu'on peut apprendre à l'enfant, ce qu'on doit lui interdire* ». Cet apprentissage peut concerner le développement des savoir-faire, du jeu, de la communication, du positionnement dans une relation adulte – enfant. A ce sujet, un magistrat énonce qu' « *il y a des choses qu'on rattrape, ça suppose que les parents aient conscience de leurs lacunes. Il faut leur apprendre, c'est aussi bête que d'aider les parents à jouer avec leurs enfants* ». De même, selon une éducatrice : « *Jouer, changer la relation pour qu'elle devienne plutôt de l'ordre de l'éveil, du ludique, plutôt que de l'ordre de l'autorité, ou du soin...* ». S'il y a accord sur cette difficulté à être parent, le dialogue entre parents, même impulsé par les professionnels, est invoqué comme moteur de mobilisation et d'évolution. Comme l'exprime un travailleur social « *Je pense qu'une des choses qui peut les aider, c'est de pouvoir confronter leur expérience, leurs analyses, leurs difficultés ... Ce qu'il y a de plus compétent dans le rôle de parent, c'est justement d'autres parents !* ».

Cette aide repose sur un minimum de valeurs partagées, valeurs communes dans les domaines de la socialisation, ce qui suppose le respect de l'autre, la reconnaissance mutuelle entre parent et enfant. « *Il faut absolument raccrocher ces jeunes à des idéaux communs, à des valeurs communes* » (Enseignant). « *Il faut un retour aux valeurs de socialisation* ». (Travailleur social)

Aider, ce n'est pas juger, ni même conseiller : « *De quel droit s'immiscer dans la vie des gens ? Nous, on peut donner un conseil, mais c'est difficile de définir une norme du dialogue avec un gamin* ». (Policier)

Pour beaucoup de nos interlocuteurs, il s'agit de rompre avec un schéma de toute puissance où le professionnel serait celui qui sait, le parent en demande étant dans cette relation d'aide asymétrique soumis à une dépendance envers les professionnels. Nombreux sont les professionnels qui affirment l'importance d'une rencontre inter humaine où il faut créer ou recréer des liens, sortir du conflit, valoriser, positiver *« il faut voir les parents dans ce qu'ils ont de mieux »*. (Travailleur social) *« En réponse à leur sentiment d'impuissance, une large part du travail éducatif consiste à montrer aux parents qu'ils sont utiles »*.(Juge des enfants)

Cet appui semble souvent se méfier des conseils préfabriqués et des normes imposées. Le terme de conseil d'ailleurs n'a pas bonne presse, ou est employé avec réticence : *« Donner des conseils, je n'aime pas beaucoup le terme »*. (Enseignant) *« Je crois qu'il n'y a pas de conseil à donner »*, dit une éducatrice, *« on n'a pas le mode d'emploi. Si c'était si simple ... C'est des règles qui doivent partir d'eux, donc, parler ensemble, réfléchir ensemble... »* . Selon une médiatrice familiale : *«Je pense qu'il faut apprendre aux parents à être parent comme eux savent l'être, pas un modèle de parent. »*

Cependant, dans ce cadre d'aide, la protection de l'enfance et le rappel à la loi priment : en effet, l'équilibre entre compréhension et fermeté est clairement rappelé, tout comme la vigilance dans le cadre de situations de danger. Certes, l'adhésion des parents à une orientation, à une mesure judiciaire est recherchée, mais quand elle est n'est pas possible, la vigilance de chacun est dictée par la mission professionnelle (scolarisation, protection...). Selon un responsable de club de prévention : *« C'est toujours mieux quand les gens adhèrent à ce qui est mis en place. Ceci étant dit, parfois, il n'est pas possible d'agir comme ça, il faut protéger l'enfant immédiatement »*. Avis que partage une responsable de centre de soins : « *En tant que professionnels, c'est à nous d'être à l'affût (en cas de toxicomanie par exemple), d'accompagner. Je suis bien obligée de dire que là, il faut que je surveille, que je mette en lien, en réseau ...* ».

Une aide doit tenir compte des conditions matérielles d'existence : nombreux sont les interviewés, parmi lesquels une majorité de travailleurs sociaux, qui évoquent une aide dans les domaines du temps et de la disponibilité, du logement, des ressources économiques. C'est ce qu'énonce un responsable de prévention spécialisée : « *Pour changer les choses, je pense qu'il faut aussi leur donner les conditions pour remplir leur rôle de parent correctement. Je pense que les parents ne sont pas égaux sur le plan matériel et de l'éducation (...). Déjà, la question du logement est centrale ...* ».

L'aide dans le domaine culturel est aussi soulignée : par exemple l'isolement des mères maghrébines est relevé autant par les policiers, les enseignants, que les travailleurs sociaux. Une conseillère en action sociale précise à ce sujet : « *Elles viennent me rencontrer avec leurs enfants parce qu'il y a eu des problèmes de racisme ou de violence à l'école (...). Il y a aussi des éducateurs (...) qui viennent expliquer aux mamans comment aider leurs enfants dans leurs devoirs* ». Elle ajoute plus loin dans l'entretien : « *Il faut qu'elles s'ouvrent à la culture notamment... Certaines femmes n'ont jamais quitté leur quartier* ».

Les structures d'accueil, de dialogue, d'échanges et de médiation, sont plébiscitées, pour développer la prévention des situations à risques, « *en brassant un peu toutes les populations par exemple* », selon un responsable associatif. Cependant, leur utilité est soulignée, "à chaud", en situation de difficulté scolaire, de délinquance, ou encore en lien avec des problèmes spécifiques à une tranche d'âge, petite enfance ou adolescence : « *une structure qui permettrait d'accueillir ces parents en difficulté dans leur rôle de parent justement, d'affirmation de leur autorité* ». (Policier)

En résumé, aider, c'est écouter, rassurer, informer, orienter, donner la parole, responsabiliser... parce que les interviewés rencontrent bien souvent les parents dans des situations de doute, de peur, de honte, de dévalorisation, de solitude. « *Une structure d'aide à la parentalité est vraiment nécessaire, le judiciaire ne suffit pas (...). Les familles qu'on suit sont enfermées, en autarcie, elles ont peur de l'extérieur*». (Juge des enfants)

Pour conclure cette partie, on peut dire que l'origine de la demande d'aide a été peu abordée. Cette proposition d'aide répond-t-elle à une demande explicite ? implicite ? A qui a-t-elle été adressée ? Par quels relais ? Les parents sont-ils tous en mesure de formuler une demande entendable à un interlocuteur bien repéré ?
Comme l'explique un directeur d'établissement scolaire interviewé sur le sujet : « *Ils ne formulent pas explicitement de demandes dans un premier temps, mais quand on prend le temps, souvent au bout de deux entretiens, rarement au bout du premier, on commençait à avoir des demandes* ».
Un ancien principal de collège poursuit, à propos d'un projet d'ouverture d'école des parents : « *Attention, ne donnons pas l'idée que nous aurions la recette et que nous pourrions aller prêcher la bonne parole. Ce n'est pas une solution, par contre des réseaux d'échanges, oui (...)* », ou encore une conseillère en animation sociale : « *Ce n'est pas en créant des écoles de parents où on dirait « voilà,*

c'est comme ça qu'il faut éduquer les enfants », où on imposerait un rôle... On ne peut pas dire comment éduquer. Il faut simplement redonner confiance à l'être. Lui permettre de trouver sa propre place en tant que parent. Ensuite, ce n'est pas parce qu'on fait appel à un professionnel qu'on est mauvais parent ».

On pourrait voir un paradoxe entre la mise en avant massive des structures et dispositifs publics ou privés, identifiés comme recours possibles aux compétences de différents professionnels de l'aide (partenariat, réseau), et la réticence énoncée envers les conseils, les modèles, les marches à suivre. Peut-on parler ici d'« abstention pédagogique », de doute sur les propositions avancées ? Ne peut-on y voir un constat de l'inefficacité des solutions élaborées en dehors des intéressés eux mêmes ou encore une perte des modèles et repères normatifs ?

V - « Concept » flou et rêves tenaces ...

1 - Le terme de « parentalité » :

Bien que son utilisation ait fait l'objet, dans les toutes dernières années, d'une progression fulgurante, le terme de « parentalité » ne semble pas faire écho chez les professionnels interrogés. Aucun d'entre eux n'y fait spontanément référence. Si l'enquêteur ne prononce pas le terme, l'enquêté ne l'utilise pas non plus. D'une manière générale, on a pu constater que le terme est toujours évoqué en réponse à une question posée par les enquêteurs. Sans être totalement inconnu, il ne fait pas partie du vocabulaire courant.

Pour certains, définir la parentalité semble relever de la gageure :

- « *Pour moi, la parentalité, c'est un terme qui, pour l'instant, ne veut rien dire. C'est qu'un mot. Parentalité... Non, je ne sais pas. Je ne saurais pas le définir* » (Policier).
- « *J'en ai déjà entendu parler, mais je vois pas trop. J'arrive pas trop à saisir la différence qu'on pourrait dire ou faire avec les parents... Je ne sais pas dans quel sens... La parentalité..., je ne vois pas* ». (Policier)
- « *Je vais vous dire franchement : ce mot, déjà, quand il est arrivé, on l'a trouvé dans la note de service. Mais la parentalité, on ne s'en sert jamais. Il n'est pas répertorié dans le code de procédure ou le code pénal. Non, je ne vais pas dire que c'est un mot inconnu, mais j'avoue ne l'avoir jamais manié* ». (Policier)

A côté de la difficulté à lui donner du sens, quelques personnes évoquent leur réticence face à la nouveauté et, éventuellement, à ce dont elle est porteuse :
- « *Parentalité... Je vois pas vraiment ce que ça pourrait représenter. Et puis ces termes à la mode, je me méfie toujours !* » (Enseignant)
- « *Je ne sais pas. Je dis que c'est un mot à la mode qu'on emploie sans arrêt. Moi, je suis pour l'action. Pour le mot « parentalité », je ne sais pas ce que ça veut dire. (...) Moi, l'éducation qu'on m'a apportée, je la trouve bien (...). Je vais la reproduire auprès de mes enfants, mais il faut arrêter qu'on se prenne la tête. J'avoue que j'ai pas d'idée là-dessus* » (Travailleur social).

L'apparition de ce terme, souvent repris ces derniers temps dans les discours institutionnels, laisse certains de nos interlocuteurs interrogatifs ou inquiets:
- « *Je ne sais pas bien. Effectivement, depuis deux ans, on entend parler que de ça. C'est très à la mode. Dans « parentalité », il y a « parent ». Donc, il est question de parents. C'est quoi, être parent ? Je ne suis pas sûr que*

d'une famille à l'autre, la définition soit la même. Donc, je ne sais pas bien et je ne suis pas le seul à ne pas savoir ce que veut dire ce terme « parentalité ». On peut se dire quand même que ça semble vouloir dire qu'on s'inquiète un peu des capacités des adultes à jouer un rôle de parent cohérent, efficace, auprès de leurs enfants. Mais bon, c'est très vague, tout ça... (...) Ca veut dire qu'on a décidé de se préoccuper des difficultés des parents à s'occuper de leurs enfants. Mais j'ai du mal à préciser les choses et je me pose beaucoup de questions ». (Travailleur social)
- « *Quand on dit parentalité, j'ai peur que les parents soient dépositaires d'un savoir, et s'ils ne l'ont pas, ils font comme si...* ». (Enseignant)

D'autres sont totalement irrités :
- « *La parentalité, on en entend parler à toutes les sauces. Il y a des sous pour ça, alors c'est le grand objectif national, la parentalité. Surtout à Lille. Alors tout le monde vient me parler de la parentalité. (...) Chacun fait sa petite enquête et il y a de l'argent qui va être débloqué pour ça. (...) Tout le monde se préoccupe de la parentalité. La parentalité, ça veut bien dire les parents : ce qu'ils vivent, et par rapport aux enfants. Est-ce que c'est ça, votre recherche ?* ». (Travailleuse sociale)

Au cours de bien des entretiens, si le terme n'évoque pas grand-chose au départ, la réflexion contribue à le cerner en partie :
- « *La parentalité ? J'ai jamais entendu. D'après le contexte de l'enquête et un petit peu par la façon dont sonne le mot, je dirais que c'est le métier de parents, l'attitude des parents* ». (Enseignant)
- « *Alors là, honnêtement, vous me posez une colle. Parentalité... Avec toute l'ignorance qui est la mienne sur le terme, je dirais tout ce qui a rapport avec la parenté, mais je ne sais pas si je suis dans le vrai. Donc, tout ce qui*

touche la famille (parents et enfants), tout ce qui touche peut-être à un cercle plus élargi (c'est à dire les grands parents, etc), mais je ne sais pas si je suis dans le vrai. Si j'étais interviewé dans la rue, je dirais : ce qui touche la relation particulière des enfants avec leurs propres parents et puis le cercle un peu plus large de leurs parents, grands parents et cousins. Mais je me hasarde sur cette piste-là alors que je suis peut-être tout à fait à côté de la plaque ». (Enseignant)
- *« Pour moi, la parentalité, je ne sais pas,... ça veut dire être parent, voilà. C'est un terme que je n'ai jamais entendu dans la rue. Je l'ai entendu en réunion ou vu dans des dossiers administratifs et je sais à peu près de quoi ça parle. S'il y avait une recette pour être parent, à mon avis, ça se saurait et tout le monde pourrait l'appliquer pour faire de ses enfants des élites ... ou des gens heureux. Pour moi, être parent, c'est répondre au maximum à toutes les questions des enfants, sans les obliger à prendre ces positions. Et puis c'est aussi leur offrir à manger et un toit, un minimum de confort pour les aider à vivre leur vie plus tard ».* (Travailleur social)

Quelques uns semblent plus à l'aise dans le maniement du terme et avancent leur définition, défendent leur point de vue :
- *« Ecoutez, j'ai travaillé sur la parentalité la semaine dernière et j'ai étudié dans le dictionnaire, justement. C'est tout ce rôle de parent : social, culturel, éducatif ».* (Enseignante)
- *« Pour moi, je dirais que c'est l'ensemble des comportements qui font que des parents, un père et une mère, concourent à l'éducation, à la construction de leur enfant ».* (Enseignant)
- *« La parentalité, pour moi, c'est déjà avoir fait le choix d'avoir un enfant, un choix que beaucoup de personnes n'ont pas eu. (...) Moi, je dirais qu'être parent*

aujourd'hui, c'est d'abord aimer son enfant et faire en sorte de lui donner certaines valeurs, certaines choses pour qu'il puisse affronter la vie qui n'est pas facile aujourd'hui ». (Travailleuse sociale)
- « *La parentalité, c'est arriver à ... (...). Pouvoir permettre à son enfant de grandir, en sécurité, en lui apportant les bases nécessaires, et ... lui permettre d'advenir ».* (Travailleuse sociale)

Se pose alors la question du « couple parental » sous entendue par le choix du terme venu compléter ceux de maternité et paternité :
- « *La parentalité, pour moi, c'est déjà le père et la mère. Et ça, c'est de plus en plus rare ».* (Policière)
Il s'agit bien là d'un des enjeux de la réforme de l'autorité parentale [1] qui, introduisant la notion de co-parentalité, en particulier dans les cas de séparation ou divorce des parents, souhaite mettre l'accent sur la nécessité de préserver l'existence du « couple parental » (cette expression n'étant pas dépourvue d'ambiguïté), même après dissolution de couple conjugal. Il s'agit là d'un vœu formulé dans l'intérêt de l'enfant. Il reste à être soumis à l'épreuve des faits qui, jusqu'à présent, ont témoigné des fréquentes ruptures que les séparations entraînent entre les enfants et le parent qui n'a pas obtenu leur garde. C'est ce qui fait dire à un directeur d'école : « *Je me dis parfois qu'en ce qui concerne les élèves de notre quartier, ce n'est pas tant du côté de la parentalité qu'il faudrait agir, mais au moins tout autant du côté de la maternalité car nous constatons que nous avons un grand nombre de familles désunies, monoparentales, des femmes seules ».*

Parler de parentalité, c'est l'occasion d'évoquer la fonction parentale :

---

[1] Loi du 2 mars 2002 relative à l'autorité parentale.

- « *Au départ, il faut avoir envie d'être parent. Il faut pas faire des mômes pour faire des mômes. (...) On ne naît pas parent. Le rôle de père s'apprend. (...) Je n'ai rien à rajouter, je ne suis pas parent...* ». (Enseignant)

Mais, à ce niveau, les propos restent assez peu développés. On peut donc dire que le terme de parentalité ne faisait pas, au moment de notre enquête, partie du vocabulaire courant de nos interlocuteurs, et qu'il ne faisait pas non plus l'unanimité. Certains ont quelques difficultés à le cerner, d'autres s'en méfient, d'autres encore estiment qu'il n'apporte rien par rapport aux termes déjà existants :
- « *Je ne sais pas. A priori, j'en pensais rien, mais hier j'ai posé la question et j'ai cru comprendre que c'était la relation parents - enfants. Et parentalité, pour moi, ça veut rien dire... enfin, ça n'a pas vraiment de sens. Mais « relation parents - enfants », ça me semblait bien* ». (Enseignante)
- « *Moi, je dirais plutôt fonction parentale que parentalité. Je parlerais plutôt de vie de famille ou de relation familiale* ». (Enseignant)

Les questions relatives à l'éducation en général et à l'éducation familiale en particulier, celle des relations entre parents et enfants, celle des droits et des devoirs des uns et des autres ont été largement abordées tout au long des différents entretiens. Par contre, la parentalité ne délie que peu les langues.

2 - Le « parent idéal » :

Très souvent, nos interviewés commencent par refuser l'idée qu'existerait un idéal de parent : « *pas de modèle* »,

« *cela n'existe pas* », « *je ne sais pas* », ou jugent une définition trop difficile à donner [1].

Cependant, malgré ces réticences, un consensus s'exprime sur quelques points forts :
1- L'écoute, le dialogue, les échanges, l'ouverture sont très souvent évoquées comme pratiques et attitudes éducatives « idéales » (15 fois).

2- L'amour partagé, le bonheur de l'enfant, la relation affective et confiante viennent ensuite (12 fois).

3- La transmission de valeurs - à noter l'importance du respect, du bien et du mal - permet de poser un cadre, des limites, une sécurité (11 fois).

4- Le parent idéal est « *celui qui s'occupe correctement de ses enfants* » (10 fois), ce qui se dit aussi avec quelques variantes : « *soigne bien* », « *s'inquiète de* », « *s'implique...* », « *protège* »...

5- Comprendre, connaître l'enfant, le voir comme une personne... apparaît aussi important dans l'éducation (10 fois).

6- La disponibilité, le temps et les activités partagées nourrissent la relation parent - enfant (8 fois).

7- La réussite sociale des parents, leurs moyens financiers « parent modèle, intégré » (6 fois), apparaissent aussi comme une composante de parent idéal.

8- Etre parent, c'est aussi « *être complice jusqu'à un certain point* », « *écouter, mais pas tout* » (5 fois).

---

[1] 22 interviews sur 32 où la question a été évoquée.

9- Le « bon » parent est aussi celui qui contrôle : « *surveiller ses études, ses relations, son emploi du temps* » (5 fois) .

10- Il propose une aide, un soutien, valorisation et récompenses (5 fois).

11- « *Faire le moins de dégâts possible, se tromper et réussir, être conscient de ses erreurs* » (3 fois) semble une attitude lucide et humble, aux yeux de certains...

12- Le parent idéal « *travaille à la réussite sociale des enfants* » (3 fois).

13- Il sait aussi «*se faire obéir, punir* ».   (3 fois)

Sont cités une fois, comme "ingrédient" du parent idéal : une co-construction identitaire parent-enfant, le développement de l'autonomie, celui qui sait tout de son enfant et "des parents qui s'aiment et ne se disputent pas devant leurs enfants".

L'ensemble de ces entretiens laisse voir des opinions multiples, voire divergentes, qui traversent l'ensemble des champs professionnels. Les parents sont tantôt perçus comme démissionnaires, tantôt comme en difficulté, inquiets et disqualifiés. Leurs compétences sont peu mises en avant, comme si elles étaient mises en doute, alors qu'elles sont sollicitées, quand il s'agit de leur proposer une aide.

Les droits et devoirs donnent lieu à des interprétations variées, mais un consensus se dessine en faveur d'un équilibre des droits et des devoirs des enfants comme des parents. Sous une apparente bienveillance, on peut déceler un regret des avancées relatives aux droits, pourtant réaffirmés dans les derniers textes (lois ou directives) concernant l'enfant[1] comme la famille[2].

Malgré les soupçons de démission ou d'incompétence qu'ils portent parfois sur les parents, les professionnels émettent de sérieux doutes sur l'efficacité des sanctions, et sur l'opportunité des conseils qu'ils pourraient prodiguer. Cependant, ils en appellent très souvent au partenariat, c'est à dire aux réponses susceptibles d'être apportées par d'autres professionnels. S'agit-il d'un déplacement des problèmes, ou d'une recherche d'intervention globale et coordonnée, plus efficace ?

Sauf une exception, tous s'accordent, quelles que soient leurs fonctions, sur la mise en œuvre de mesures d'aide et de soutien aux parents, mais font preuve d'une grande prudence quant au contenu de cette aide. On repère aussi une réserve d'ordre déontologique vis à vis des possibles intrusions dans la sphère privée. Ne faut - il pas y voir l'expression d'un doute sur la légitimité et l'efficacité de leurs actions, lié à la difficulté d'évaluer la portée de celles-ci ? Qu'il s'agisse de l'action des parents ou de celle des professionnels, la suspicion ne fait-elle pas office d'évaluation ? Si le développement de cet état d'esprit amenait chacun, pour se protéger et lutter contre un sentiment d'impuissance, à renvoyer la responsabilité dans le camp des voisins, toute recherche de cohésion sociale serait mise à mal.

---

[1] Convention internationale des Droits de l'Enfant. 1990.
[2] Cf. Rapport Tichoux, rapport Roméo, rapport Deschamps cités en bibliographie.

Et pour conclure ...

Pendant les deux années au cours desquelles s'est effectuée cette étude, la vie sociale et politique en France a connu certains changements qui n'ont pas été sans incidence sur notre sujet.

Alors qu'à la fin du XXe siècle la parentalité s'était progressivement vue reconnue comme sujet de recherche orienté vers les modalités de soutien, de maintien du lien, au delà des vulnérabilités familiales, le traitement qui a été fait de l'insécurité à l'occasion des dernières élections a provoqué la stigmatisation de certains jeunes et de leurs familles, justifiant du même coup les mesures répressives en tout genre, visant à « frapper plus vite et plus fort », à sanctionner les parents pour les actes de leurs enfants et à criminaliser la misère.
Au cours des derniers mois, nous avons pu observer le même mécanisme que celui dénoncé par Michael Moore dans son film Bowling for Columbine : une médiatisation de tous les faits permettant d'accréditer la thèse de la montée de l'insécurité [1], une diabolisation des jeunes des banlieues [2] grâce à une focalisation systématique du regard porté sur cette « minorité dérangeante » pour expliquer les problèmes sociaux, et une négation des conditions objectives de vie de ces personnes. La mise en avant de la petite délinquance et l'occultation des autres formes de délits ou la bienveillance avec laquelle ils ont été traités ont largement contribué à désigner un ennemi intérieur

---

[1] Même de ceux, comme le drame de Nanterre en mars 2002, qui n'ont rien à voir avec l'utilisation qui va en être faite.
[2] Aux Etats Unis, il s'agit des jeunes des centres urbains, les « banlieues » étant les lieux de résidence des populations aisées.

qu'il convenait de combattre à tout prix. Depuis, les propositions en tout genre sont avancées et parfois aussitôt retirées, comme si l'effet d'annonce faisait office de test.

La volonté de repérer « les problèmes » (dans leur course à l'audimat pour les journalistes, dans la construction d'une image de « sauveur » pour les politiques, et dans la vocation à y répondre pour un certain nombre de professionnels), a sans aucun doute contribué à les construire et à les amplifier. Le regard ne s'est pas posé n'importe où, et les critères de sélection n'ont pas été neutres. En effet, il est plus facile de manier les images que nous renvoient les univers familiers que celles qui émanent d'univers plus lointains. Le sensationnel est toujours plus alimenté de proximité que de distance. Le voisin qui viole et qui tue, qui « graffite » la cage d'escalier est, à lui seul bien plus porteur de représentations du malaise social que les systèmes complexes et croisés qu'engendre l'organisation d'une société. Si, ici et là, les ratés du système, les « dysfonctionnements » des dispositifs sociaux sont, pour certains, et pour partie, facteurs d'explication des « problèmes sociaux », il est, « spontanément », plus courant d'attribuer la responsabilité du chômage, de la précarité sociale, de la misère affective, à ceux qui la subissent, et de sous entendre que leurs attitudes et comportements l'engendrent. Quoi de plus normal alors à découvrir ce qu'on cherche ? Il ne reste plus qu'à trouver des explications possibles pour préconiser des solutions.

L'image souvent médiatisée de bandes de jeunes « oisifs » en attente d'aventure ou d'opportunité de confrontation avec les représentants de l'ordre focalise l'attention sur la « montée » des incivilités, sur l'absentéisme scolaire et sur les conduites délictueuses et à risque. L'excuse de minorité, insupportable à certains, justifie la recherche, dans le cercle familial, de ceux à qui l'on va pouvoir attribuer la véritable responsabilité de ces comportements.

La référence à la norme abstraite de la famille idéale (par définition deshistorialisée, décontextualisée) s'inscrit au crédit de celles qui s'en approchent, et par contre alimente la stigmatisation de celles qui s'accrochent à l'un ou l'autre, plusieurs parfois, des marqueurs sociaux de la déviance. Ces familles « coupables désignées » pour certains, « victimes inquiètes et disqualifiées » pour d'autres sont mises à l'épreuve des « faits » qu'énoncent, ici, policiers, enseignants et travailleurs sociaux.

A l'issue de notre travail et après examen des résultats de nos diverses investigations, il convient de se demander si la préoccupation grandissante pour la parentalité ne doit pas être considérée à la fois comme le résultat et le point de départ d'un vaste malentendu sur notre fonctionnement social.

Etre parent n'est pas une tâche facile et d'aucuns s'accordent à le reconnaître. Mais encore faut-il n'attribuer aux parents que ce qui leur incombe. Comment comprendre que c'est à eux que l'on reproche les difficultés scolaires d'un enfant placé depuis des années dans une Maison d'Enfants à Caractère Social, alors qu'il est encadré par des éducateurs et des enseignants ? Pour Paul Durning, « la mise en cause médiatique des parents (...) évite d'interroger l'efficacité de l'action des professionnels et surtout des institutions éducatives, extrêmement coûteuses, qui participent à l'éducation des enfants très précocement et sur de très longues durées »[1].

---

[1] Durning. (P.), « Répression, soutien ou formation des parents », Informations Sociales, n° 73-74, 1999, p. 192.

Peut-être faudrait-il s'interroger sur l'éducation dans ce qu'elle a de complexe pour tout éducateur, qu'il soit parent ou professionnel.

Une telle réflexion permettrait assurément de casser les représentations et de mettre en avant à la fois les difficultés et les compétences de chacun. C'est en repérant les capacités et les points d'achoppement que le soutien parfois proposé aux parents peut prendre son sens. Il ne s'agit ni de faire de « l'acharnement éducatif » à l'égard des parents, ni de déplorer leur absence de demande comme nous avons pu l'entendre dans la bouche de professionnels : « *On ne peut pas donner à boire à un âne qui n'a pas soif* ». Car si l'image est parlante, elle est aussi osée. Elle montre bien la différence de position qui est revendiquée et la certitude concernant la possession du savoir.

Aujourd'hui, les séparations, les recompositions familiales, l'absence du père …, fournissent, à bon compte, les éléments d'analyse de la supposée montée de la délinquance des jeunes.
Mais qu'en est-il réellement de cette escalade ? Vivons-nous vraiment dans le monde de violence que l'on nous décrit si souvent ? Si c'est le cas, qui sont les « coupables » et qui sont les « victimes » du monde que nous avons contribué à forger ?

Il serait temps de cesser de considérer la jeunesse comme une horde de barbares aux réactions irrationnelles, et de se pencher sur ses conditions de vie, sur le décalage qu'elle peut ressentir entre les promesses d'avenir et les inégalités voire les discriminations persistantes. Les jeunes sont aussi victimes de violence, sans même parler de celle qu'ils retournent contre eux-mêmes.

Par ailleurs, la violence et l'insécurité ne sont pas l'apanage des seules institutions censées les canaliser. Elles sont l'affaire de tous et nécessitent une mise à plat dépassionnée des débats et des analyses. Notre enquête a bien révélé le poids de l'idéologie qui transparaît dans les discours des professionnels, induisant des représentations et, par là même, des pratiques. De ce fait, on ne peut faire l'économie d'une remise en question du discours consensuel qui rappelle étrangement les propos des bourgeois du XIXe siècle. Rappelons l'écart repéré entre les discours des professionnels qui stigmatisent les milieux populaires en leur reprochant leur laxisme et le manque de repère qu'ils offrent à leurs enfants, et les avis des parents comme des jeunes de ces mêmes milieux qui soulignent leur attachement à l'ensemble des valeurs qu'on les soupçonne d'avoir perdues.

Notre société semble prise dans un syndrome de perte de confiance et les « affaires »[1] y sont assurément pour quelque chose. Qui n'a pas, un jour, entendu, des propos tels que : « les policiers ne font pas leur travail », « les juges relâchent aussitôt ceux que la police a arrêtés, après bien des difficultés », « les enseignants n'arrivent pas à se faire respecter », « les parents sont en dessous de tout » ... Chacun, dans son secteur, déplore le manque de reconnaissance dont il est l'objet et certaines études insistent sur les incidences que cela peut avoir sur la pratique professionnelle. Ne peut-on pas alors s'interroger sur les effets que peuvent avoir les discours dépréciateurs de certains professionnels sur les jeunes et sur les parents ? Comment ne pas baisser les bras et finir par « mériter » l'image qui leur est donnée?

---

[1] C'est à dessein que nous reprenons ce terme qui devient (c'est bien le but) incompréhensible à force d'euphémisation.

Faut-il voir un paradoxe dans l'écart entre les propos des parents et des professionnels ? Au delà de quelques discours de défectibilité de certains professionnels, rejetant sur les failles de l'autre la difficulté à réaliser leur mission, voire de supporter des conditions de travail difficiles et des pressions à rendre des comptes, on peut s'interroger sur l'apparition du terme de parentalité. Il semble prendre place dans un espace intermédiaire entre parents et institutions éducatives et sociales, à la jonction des actions des uns et des autres ; les interventions autour de la parentalité seraient censées amortir, réduire les écarts précédemment évoqués, et permettre de travailler ensemble.

Nous souscrivons ici aux propos de F. Lavenac[1], qui s'interroge sur le soutien à la parentalité : « Les parents sont « élevés » au titre de garants et promoteurs de la cohésion sociale, promotion qui n'est pas sans interroger l'instrumentalisation dont ils font l'objet. En plaçant le lien familial comme comptable du lien social, on assiste aux mêmes confusions qui perdurent encore à ce jour entre solidarités familiales et solidarités sociales et qui confirment que la famille est de plus en plus conçue par l'action publique comme amortisseur potentiel des crises sociales. Dans un tel contexte, le soutien à la fonction parentale prend tout son sens. Que ce soutien soit qualifié de protection ne constitue guère au fond qu'un argument écran. Ce qui est plus remarquable, c'est que l'action publique se dote de moyens de plus en plus diversifiés pour forcer la parentalité, la façonner, s'assurer de son caractère de normalité, parce qu'elle est fonctionnellement utile à l'ordre social et politique »[2].

---

[2] Lavenac. (F.), « Les paradoxes d'une politique de soutien à la parentalité », Vie sociale, n° 3, 2002, p. 65.

Il nous paraît important de souligner ici les ressemblances au niveau des valeurs des professionnels et de celles auxquelles se réfèrent parents et jeunes, et d'attribuer aux représentations courantes et aux distances de positions sociales les différences de lecture qui en sont faites. Cet écart nous amène à nous mobiliser pour une acceptation tolérante de la différence, dès lors qu'elle ne met en danger ni la personne qui la porte ni l'existence d'autrui. Cette éducation, à promouvoir dès l'enfance, n'est pas suffisamment mise en œuvre notamment à l'école. De même les agents éducatifs, qui ont beaucoup fait appel à l'écoute de l'autre et au regard bienveillant porté sur l'autre dans les entretiens, gagneraient à accepter les problèmes des gens tels qu'ils disent les vivre et non comme ils les pensent.

Cette ouverture apparaît à l'œuvre dans la volonté affichée de créer des lieux d'échange non stigmatisants. Mais comment en faire des espaces de mise en commun de savoirs et d'expériences respectueux de chacun ?

Pour poursuivre le débat et envisager des pistes de changement, il conviendrait d'interroger les contenus des formations initiales et continues dispensées aux différents professionnels, en identifiant les idéologies implicites véhiculées à travers le regard porté sur les personnes qu'ils rencontrent.

On pourrait se demander aussi de quels dispositifs ils bénéficient dans le cadre de leur exercice professionnel pour analyser leurs pratiques en sauvegardant et en affirmant les principes déontologiques inhérents aux fonctions éducatives et sociales.

Souscrivant à la volonté annoncée d'une réelle collaboration et d'un travail en partenariat entre professionnels d'horizons différents, il semble nécessaire d'activer la connaissance et la reconnaissance des fonctions dévolues à chacun, ainsi que des univers institutionnels qu'ils incarnent.

A l'occasion de ce travail de recherche sur la parentalité, nous avons porté un regard critique sur le terme même et sur le contexte dans lequel il a émergé. En effet, la volonté de soutenir la parentalité part souvent d'un postulat de fragilité, si ce n'est d'incompétence. Malgré ces précautions, nous ne contestons pas pour autant les actions envisagées et engagées, si elles permettent de développer et d'activer un lien social dans ses dimensions éducatives, interculturelles et intergénérationnelles. Mais, sans préjuger de la suite donnée aux politiques de la famille, restons vigilants pour que la parentalité ne soit pas érigée en bouc émissaire ou en valeur refuge.

Epilogue

— Dis ! Camille, tu crois qu'un jour on s'mariera pour du vrai avec tout ça ?

— Ben ! Sinon... A quoi on va jouer ?

BIBLIOGRAPHIE

Ouvrages

- ANGEL. (P et S.), Familles et toxicomanies, Paris, Editions Universitaires, 1987.
- ARIES .(Ph.), L'enfant et la vie familiale sous l'Ancien Régime, Paris, Plon, 1960.
- BADINTER. (E.), L'amour en plus. Histoire de l'amour maternel XVIIe-XXe siècles, Paris, Flammarion, 1980.
- BADINTER. (E.), L'un est l'autre, Paris, Odile Jacob, 1986.
- BASTARD. (B.), Reconstruire les liens familiaux : nouvelles pratiques sociales, Paris, Syros, 1996.
- BETTELHEIM. (B.), Pour être des parents acceptables, Paris, Robert Laffont, 1988.
- BONGRAIN. (M.), La loi au secours de l'enfant maltraité, Paris, PUF, 1987.
- BORN. (M.) et LIONTI. (A.M.), Familles pauvres et intervention en réseau, Paris, L'Harmattan, 1996.
- BOUAMAMA. (S.) et SAD SAOUD. (H.), Familles maghrébines de France, Paris, Desclée de Brouwer, 1996.
- BOUTIN. (G.) et DURNING. (P.), Les interventions auprès des parents. Innovations en protection de l'enfance et en éducation spécialisée, Paris, Dunod, 1999.
- BRUEL. (A.), FAGET. (J.), JACQUES. (L.), JOECKER. (M.), NEIRINCK. (C.) et POUSSIN. (G.), De la parenté à la parentalité, Paris, Erès, 2001.
- BURGUIERE. (A.) et al., Histoire de la famille, Paris, A. Colin, 2 Tomes, 1986.
- CHAILLOU. (J.), L'enfant et sa famille face à la justice, Toulouse, Privat, 1991.
- CHAUVENET. (A.), La protection de l'enfance : une pratique ambigüe, Paris, L'Harmattan, 1992.

- CHAUVIERE . (M.), SANIER. (M.), BOUQUET. (B.), ALLARD. (R.), RIBES. (B.), Les implicites de la politique familiale. Approches historiques, juridiques et politiques, Paris, Dunod, 2000.
- CHAUVIERE. (M.) et BUSSAT. (V.), Famille et codification. Le périmètre du familial dans la production des normes, Paris, Perspectives sur la justice, Collection du GIP, 2002.
- COENEN-HUTHER. (J.), KELLERHALS. (J.) et VON ALLMEN. (M.), Les réseaux de solidarité dans la famille, Lausanne, Réalités Sociales, 1994.
- COMMAILLE. (J.), Familles sans justice, Paris, Le Centurion, 1982.
- CYRULNIK. (B.), Sous le signe du lien, Une histoire naturelle de l'attachement, Paris, Hachette, Coll. Pluriel, 1995.
- CYRULNIK. (B.), Un merveilleux malheur, Paris, Odile Jacob, 1999.
- CYRULNIK. (B.), Ces enfants qui tiennent le coup, Paris, Hommes et perspectives, 2000.
- DEKEUWER-DEFOSSEZ. (F.), L'égalité des sexes, Paris, Dalloz, 1998.
- DEKEUWER-DEFOSSEZ. (F.), DONVAL. (A.), JEAMMET. (P.) et ROULAND. (N.), Inventons la famille !, Paris, Bayard, 2001.
- DELUMEAU. (J.) et ROCHE. (D.), Histoire des pères et de la paternité, Paris, Larousse, 1990.
- DONZELOT. (J.), La police des familles, Paris, Ed de Minuit, 1977.
- DUBET. (F.) (*sous la direction de*), Ecole, familles, le malentendu, Paris, Editions Textuel, Coll. Le Penser vivre, 1997.
- DUBET. (F.) et DURU-BELLAT. (M.), L'hypocrisie scolaire. Pour un collège enfin démocratique, Paris, Seuil, 2000.

- DUBY. (G.) et PERROT. (M.) (*sous la direction de*), Histoire des femmes, Paris, Plon, 4 Vol, 1991.
- DURNING. (P.), Education familiale ; acteurs, processus et enjeux, Paris, PUF, Coll. l'éducateur, 1995.
- EID. (G.), La famille, le lien et la norme, Paris, L'Harmattan, 1997.
- FIZE. (M.), La démocratie familiale. Evolution des relations parents-enfants, Paris, Presses de la Renaissance, 1990.
- FREDET. (F), Mais madame vous êtes la mère..., Paris, Le Centurion, 1984.
- FULCHIRON. (H.), Autorité parentale et parents désunis, Ed. du CNRS, Lyon, 1985.
- GABEL. (M.), JESU. (F.) et MANCIAUX. (M.), Bientraitances. Mieux traiter familles et professionnels, Paris, Fleurus, Coll. Psychopédagogie, 2000.
- GASPARINI. (R.), Ordres et désordres scolaires. La discipline à l'école primaire, Paris, Grasset / Le Monde, 2000.
- GEADAH. (R.), Les mères célibataires démunies, Paris, ESF, 1981.
- GODIN. (E.) C'est quoi, un père ?, Valenciennes, La Pose, 2000.
- GUELAMINE. (F.), Intervenir auprès des populations immigrées, Paris, Dunod, 2000.
- HAYEZ. (J-Y.), La guidance parentale, Toulouse, Privat, Coll. Educateurs, 1978.
- HERITIER. (F.), L'exercice de la parenté, Paris, Gallimard, 1981.
- HOUZEL. (D.), Les enjeux de la parentalité, Ramonville Saint Agnes, Erès, 1999.
- HURSTEL. (F.), La déchirure paternelle, Paris, PUF, Coll. L'éducateur, 1996.
- JAMOULLE. (P.), La débrouille des familles. Récits de vies traversées par les drogues et les conduites à risque, Bruxelles, De Boeck, 2002.

- KAMBOUCHNER. (D.), Une école contre l'autre, Paris, PUF, 2000.
- KAUFMANN. (J-C.), La trame conjugale, analyse du couple par son linge, Paris, Nathan, 1992.
- KAUFMANN. (J-C.), Sociologie du couple, Paris, PUF, Coll. Que sais-je ?, 1993.
- KELLERHALS. (J.), MONTANDON. (C.), et al., Les stratégies éducatives des familles. Milieu social, dynamique familiale et éducation des préadolescents, Paris, Delachaux et Nieslé, 1991.
- LAHIRE. (B.), Tableaux de familles: échecs et réussites scolaires en milieux populaires, Paris, Gallimard/Le Seuil, 1995.
- LAMARCHE. (C.), Ces familles dites dangereuses..., Lille, ADSSEAD, 1991.
- LAMOUR. (M.) et BARRACO. (M.), Souffrances autour du berceau. Des émotions au soin, Montréal, Ed. Gaëtan Morin, 1998.
- LAUGER. (D.), Traité de savoir-vivre à l'usage des familles recomposées, Paris, Calman-Lévy, 1996.
- LAVOUE. (J.), Eduquer avec les parents. L'action éducative en milieu ouvert : une pédagogie pour la parentalité ? Paris, L'Harmattan, Coll. Le travail du social, 2000.
- LE GALL. (D.), MARTIN. (C.), Mouvance de la famille : Réponses de l'Action Sociale, Caen, CRTS, 1983.
- LE GALL. (D.), MARTIN. (C.), Les familles monoparentales. Evolution et traitement social, Paris, ESF, 1987.
- LE GALL. (D), MARTIN. (C), Le réseau de parenté après la désunion, Caen, CRTS, 1988.
- LE GALL. (D), MARTIN. (C), Familles et politiques sociales: dix questions sur le lien familial contemporain, Paris, L'Harmattan, 1996.

- LEGRAND. (D.), Droit de l'enfance et de la famille à l'usage des professionnels de l'enfance et de la famille, Paris, Editions de l'ENSP, 1995.
- LUC. (J.N.), L'invention du jeune enfant au XIXe siècle, Paris, Belin, 1997.
- MACKIEWICZ. (M-P.), Suppléance précoce et parentalité : une étude de coopération entre parents et professionnels dans les pouponnières à caractère social, Lille, Editions du Septentrion, 2001.
- MANCIAUX. (M.), GABEL. (M.), GIRODET. (D.), MIGNOT. (C.), ROUYER. (M.), Enfances en danger, Paris, Fleurus, 1998.
- MARTIN. (P.), Des familles et des enfants. Analyse bibliographique et approche méthodologique, Bruxelles, De Boeck, 1983.
- MERIEU. (Ph.) sous la direction de., L'école et les parents. La grande explication, Paris, Plon, 2000.
- MESSU. (M.), Les politiques familiales : du natalisme à la solidarité, Paris, Editions Ouvrières, Coll. Le social en acte, 1992.
- MEULERS-KLEIN. (M-T) et THERY. (I.), Les recompositions familiales aujourd'hui, Paris, Nathan, 1993.
- MEYER. (P), L'enfant et la raison d'Etat, Paris, Seuil, 1977.
- MUCCHIELLI. (L.), Violences et insécurité. Fantasmes et réalités dans le débat français, Paris, Editions La Découverte / Syros, 2001.
- NEYRAND. (G.), L'enfant, la mère et la question du père. Un bilan critique de l'évolution des savoirs sur la petite enfance, Paris, PUF, 2000.
- Ouvrage collectif, La place des femmes. Les enjeux de l'identité et de l'égalité au regard des sciences sociales, Paris, Editions La Découverte, Coll. Ephesia, 1995.
- PETEKOV. (T.) et TITRAN. (M.), Vies de familles: un autre regard sur l'exclusion, Paris, Gallimard, 1996.

- PITROU. (A.), La vie précaire. Des familles face à leurs difficultés, Paris, CNAF, 1973.
- PITROU. (A.), Vivre sans famille ?, Toulouse, Privat, 1978.
- PITROU. (A.), Les politiques familiales. Approches sociologiques, Paris, Syros, 1994.
- POILPOT. (M-P.), Etre parent en situation de grande précarité, Paris, Editions Erès, 2000.
- POURTOIS. (J-P.), Les thématiques en éducation familiale, Bruxelles, De Boeck, Ed. Universitaires, 1989.
- POUSSIN. (G.), Psychologie de la fonction parentale, Toulouse, Privat, 1993.
- PRETEUR. (Y.) et LEONARDIS. (M. de), Education familiale, images de soi et compétences sociales, Bruxelles, De Boeck, 1995.
- RAYOU. (P.), La cité des lycéens, Paris, L'Harmattan, 1998.
- RIALLAND. (C.), Cette famille qui vit en nous, Paris, Robert Laffont, 1994.
- ROSENCZVEIG. (J-P), Le dispositif français de protection de l'enfance, Paris, Editions Jeunesse et Droit, 1996.
- ROUDINESCO. (E.), La famille en désordre, Paris, Fayard, 2002.
- SEGALEN. (M.), Sociologie de la famille, Paris, Armand Colin, 1981.
- SEGALEN. (M.), Jeux de familles, Paris, Presses du CNRS, 1991.
- SINGLY. (F. de) (*sous la direction de*), La famille, l'état des savoirs, Paris, Ed de la Découverte, 1991.
- SINGLY. (F. de) (*sous la direction de*), La famille en questions, Etat de la recherche, Paris, Editions Syros, 1996.
- SINGLY. (F. de), Le soi, le couple et la famille, Paris, Nathan, 1996.

- TELLENBACH. (H.), L'image du père dans le mythe et dans l'histoire, Paris, PUF, 1976.
- THERY. (I.), Le démariage : justice et vie privée, Paris, Odile Jacob, 1993.
- TODD. (E.), Le destin des immigrés, Paris, Seuil, Coll. Point, 1994.
- VAN CUTSEM. (Ch.), La famille recomposée. Entre défi et incertitude, Ramonville Saint Agnes, Erès, Coll Relations, 1998.
- VASSEUR. (P.), Protection de l'enfance et cohésion sociale du IVe au XXe siècle, Paris, L'Harmattan, Technologie de l'action sociale, 1999.
- VERDIER. (P.), et CURIEL. (S.), L'autorité parentale. Le droit en plus, Paris, Bayard, 1993.

Articles

- ALLEE. (R.), « Approche des conflits parentaux. Notes sur la médiation », Cahiers du CTNERHI, n° 49, 1990.
- ARNAUD. (A-J.), « La famille cocon », L'Année sociologique, n° 27, 1976.
- AUSLOOS. (G.), « La dimension familiale dans l'alcoolisme et les autres toxicomanies », Les cahiers du Great, n° 2, 1981.
- AZEMA. (B.) « La responsabilité pénale des mineurs : quelles conséquences pour les parents ? », Informations sociales, n° 73/74, 1999.
- BARRERE-MAURISSON. (M-A.), « Structures économiques et structures familiales: émergence et construction d'une relation », L'Année sociologique, Vol. 37, 1987.
- BASTARD. (B.) et CARDIA-VONECHE. (L.), « La médiation », Informations sociales, n° 28, Conflits de couple, 1993.
- BELORGEY. (J-M.), « Protection des mineurs ou protection contre les mineurs ? », Vie sociale, n° 3, 2002.

- BIGOT. (F.), « La famille, lieu privé, domaine public », Informations sociales, n° 4, 1987.
- BOZON. (M.), « La famille-objet », Revue française de sociologie, XXV, 1984.
- BROCCOLICHI. (S.), « Inégalités sociales, inégalités scolaires », Informations sociales, n° 75, 1999.
- BRUEL. (A.), « Modernité de l'interrogation sur le père », Espace Social, Septembre 97.
- CHAMPAGNE. (P.), « La reproduction de l'identité », Actes de la recherche en sciences sociales, n° 65, 1986.
- CHAUVIERE. (M.), « Familialisme et régulation sociale. Aspects de la démultiplication du concept de famille », Annales de Vaucresson, n° 27, 1987.
- COMMAILLE. (J.), « D'une sociologie de la famille à une sociologie du Droit. D'une sociologie du droit à une sociologie des régulations sociales », Sociologie et Sociétés, XVIII/1, 1986.
- DESSERTINE. (D.), « L'émergence de la politique sociale de l'enfant, des enfants trouvés à l'enfance assistée (1780-1940) », Vie sociale, Mars-Avril 1990.
- DUPREZ. (D.), « La dramaturgie de la relégation. Vie quotidienne et sociabilités dans les cités », Les dossiers de profils, INSEE Nord Pas de Calais, Août 1996.
- DURNING. (P.), « Les aides aux parents », Panoramiques, n° 25, La famille malgré tout, Orléa Corlet, 1996.
- DURNING. (P.), « Répression, soutien ou formation des parents ? devant la complexité de la fonction éducative », Informations sociales, n° 73/74, 1999.
- FAVIER. (Y.), « A travers le droit », Informations sociales, n° 49-50, L'impact des politiques familiales, 1996.
- FRAYSSE. (C.), « Le droit des parents à être faillibles », Espace social, n° 3, Sept. 1997.
- GINSBERG CARRE. (Ch.), « Le frère de mon frère est-il mon frère ? », Informations sociales, n° 67, 1998.

- GUIHARD. (V.), « Les familles pauvres », Données Sociales 1990, INSEE.
- GRELLEY. (P.), « Qui transmet quoi ? Parents et professionnels dans l'éducation », Informations Sociales, n° 73/74, 1999.
- GREMY. (F.) et RAINHORN. (J-D.), « Santé: le devenir de la différence et de l'indifférence », Informations sociales, n° 80, 1999.
- HURSTEL. (F.), « Rôle et fonction du père dans une société en changement », Prévenir et protéger, n° 2, Avril-Juin 1993.
- HURSTEL. (F.), « Rôle social et fonction psychologique du père », Informations sociales, n° 56, 1996.
- KELLERHALS (J.) et ROUSSEL (L.), « Les sociologues face aux mutations de la famille », L'année Sociologique, Paris, 1987, numéro spécial "sociologie de la famille".
- KNAEBEL. (G.), « Grammaire de " Père " », Informations sociales, n° 56, 1996.
- LAVENAC. (F.), « Les paradoxes d'une politique de soutien à la parentalité », Vie sociale, n° 3, La protection en péril ?, 2002.
- LORCERIE. (F.), « Sur la mise en cause des familles par l'école. Où est la place des parents ? », Informations sociales, n° 73/74, 1999.
- LECLERC-OLIVE. (M.), « Figures de la précarité », Les dossiers de profils, INSEE Nord Pas de Calais, Août 1996.
- LEFAUCHEUR. (N.) et MARTIN. (C.), « En l'absence du père », Informations sociales, n° 49-50, L'impact des politiques familiales, 1996.
- LENOIR. (R.), « La famille, une affaire d'état. Les débats parlementaires concernant la famille (1973-1978) », Actes de la Recherche en Sciences Sociales, Juin 1996.
- MACRAKIS. (B.) et PINET. (M.), « Les quartiers en difficulté du Nord Pas de Calais: une image en mille

morceaux », Les dossiers de profils, INSEE Nord Pas de Calais, Août 1996.
- MUCCHIELLI. (L.), « Le contrôle parental du risque de délinquance juvénile : un bilan des recherches », Les Cahiers de la sécurité intérieure, n° 42, Jeunes sans foi ni loi ?, 2000,
- MUCCHIELLI. (L.), « L'évolution de la délinquance juvénile entre fantasmes et réalités : essai de bilan critique », Vie sociale, n° 3, 2002.
- PITROU. (A.), « La place des femmes », Informations sociales, n° 49-50, L'impact des politiques familiales, 1996.
- RIBES. (B.), « Les transformations de la famille: une cause de difficultés ? », Panoramiques, n° 26, Les jeunes en difficulté, 1996.
- RUBELLIN-DEVICHI. (J.), « Attention enfants! », Informations sociales, n° 1, 1990.
- SAGATINI. (M.), « L'autorité parentale à l'épreuve de l'adolescence », Sauvegarde de l'enfance, n° 5, Nov-Dec. 1987.
- SCHIFF. (M.), « L'échec scolaire n'est pas dans les chromosomes », Action Syndicale des Familles, n° 89, Juillet-Septembre 1988.
- STROEBEL. (P.), « Irresponsables donc coupables. Un discours idéologique », Informations Sociales, n° 73/74, 1999.
- THERY. (I.), « Identifier le parent », Informations sociales, n° 46, Les figures de la parenté, 1995.
- TRIBALAT. (M.), « La transmission de valeurs traditionnelles », Informations sociales, n° 89, Mémoires familiales et immigration, 2001.
- VAILLANT. (M.), « Identités, filiation et alliance », Espace social, n° 3, Sept. 1997.
- VAILLANT. (M .), « La mère et la fonction parentale », Panoramiques : Repenser la maternité, Orléa Corlet, 1999.

- VILLAC. (M.), « Les familles monoparentales », Données sociales, INSEE, Paris, 1984.
- ZAOUCHE-GAUDRON. (C.), et LE CAMUS. (J.), « Le rôle du père dans le développement psychologique de l'enfant », Informations sociales, n° 56, 1996.

Rapports

- ANDRE. (M.), « La vie quotidienne des familles », Rapport à Madame la Ministre de l'emploi et de la solidarité, Mai 1998, 55 p.
- BRUEL. (A.), « Assurer les bases de l'autorité parentale pour rendre les parents plus responsables », Rapport au Ministère de l'emploi et de la solidarité, 14 Mai 1998, 20p.
- DEKEUWER-DEFOSSEZ. (F.), « Rénover le droit de la famille : Propositions pour un droit adapté aux réalités et aux aspirations de notre temps », Rapport au Garde des Sceaux, Ministre de la Justice, Septembre 1999, 226 p.
- DESCHAMPS . (J.P.), « Le contradictoire et la communication des dossiers en assistance éducative », Rapport à la Ministre de la justice, 6 Mars 2001.
- GILLOT. (D.), « Pour une politique de la famille rénovée », Rapport au Premier ministre et à la Ministre de l'emploi et de la solidarité, 12 Juin 1998, 70 p.
- NAVES - CATHALA, « Accueils provisoires et placements d'enfants et d'adolescents », Rapport au Premier Ministre, Juin 2000.
- ROMEO. (C.), « L'évolution des relations parents - enfants - professionnels dans le cadre de la protection de l'enfance », Rapport à Madame la Ministre déléguée à la famille, à l'enfance et aux personnes handicapées, Octobre 2001, 79 p.
- THELOT. (C.) et VILLAC. (M.), « Politique familiale. Bilan et perspectives », Rapport à la Ministre de l'emploi

et de la solidarité et au Ministre de l'économie, des finances et de l'industrie, 4 Mai 1998, 223 p.
- THERY. (I.), « Couple, filiation et parenté aujourd'hui. Le droit face aux mutations de la famille et de la vie privée », <u>Rapport à la Ministre de l'emploi et de la solidarité</u>, Mai 1998, 276 p.
- TICHOUX. (C.), « La formation des travailleurs sociaux et le travail avec les familles », <u>Rapport à la Délégation Interministérielle à la Famille,</u> 31 Mai 2000, 47 p.

Annexes

Les réseaux d'écoute, d'appui et d'accompagnement des parents

La circulaire du 9 mars 1999 relative aux réseaux d'écoute, d'appui et d'accompagnement des parents rappelait l'objectif visé, à l'époque : « Au delà de susciter les occasions de rencontres et d'échanges entre les parents, mettre à leur disposition des services et des moyens leur permettant d'assumer pleinement, et en premier, leur rôle éducatif ». Elle énonçait l'idée selon laquelle les actions devaient « s'adresser à toutes les familles, parce que toutes peuvent être concernées et que cantonner l'action sur « des familles à problèmes » la rendrait inefficace » et « s'appuyer sur les initiatives qui existent déjà, tout en développant de nouvelles opérations, avec le souci de mettre en réseau les différents intervenants, en respectant leur diversité et en s'efforçant de construire une cohérence et une visibilité de cette action ».

Un certain nombre de principes ont été rassemblés dans une « charte des initiatives pour l'écoute, l'appui et l'accompagnement des parents »

« 1. Valoriser prioritairement les rôles et les compétences des parents : responsabilité et autorité, confiance en soi, transmission de l'histoire familiale, élaboration de repères, protection et développement de l'enfant.
2. Favoriser la relation entre les parents et, dans cet objectif, privilégier tous les supports où les parents sont présents, en particulier le cadre associatif.
3. Encourager les responsables des lieux et structures fréquentés par les parents à accueillir ou susciter de nouvelles initiatives.
4. Favoriser une meilleure conciliation des temps familiaux et professionnels.
5. Mettre en place des actions de sensibilisation et de formation à destination des intervenants bénévoles ou professionnels, pour favoriser l'émergence de nouvelles

pratiques. Elles devront assurer un bon équilibre entre la participation des parents et l'intervention des professionnels.

6. *Garantir l'ouverture de ces lieux à tous les parents, en recherchant la fréquentation de publics issus de milieux différents, de générations et de catégories socio-professionnelles et culturelles différentes.*

7. *Prévoir un cadre éthique favorisant l'équilibre des relations familiales et ouvert à toutes formes de familles. Il s'appuiera sur les textes relatifs aux droits de l'enfant et de la famille.*

8. *Inscrire les projets dans la durée, notamment par le biais d'une convention pluri-annuelle associant les différents partenaires.*

9. *Prendre appui sur un réseau mobilisable et compétent, sur des bénévoles et des professionnels très divers qui partagent l'engagement d'accompagner les familles, dans le respect des personnes et de leur autonomie, et qui s'appuient sur les connaissances disponibles aujourd'hui.*

10. *Participer à la construction d'un système d'animation partagée qui permette une circulation des informations, l'évaluation des actions, une capitalisation des savoir-faire, la transparence, la rigueur, la visibilité et un fort développement de ce mouvement ».*[1]

---

[1] Annexe 1 de la circulaire n° 99-153 du 9 mars 1999.

Liste des interventions programmées par le groupe technique :

- L'Association de Rencontre Parents et Jeunes représentée par Geneviève Filly a présenté l'un des courts métrages qu'elle a réalisés : « <u>Histoire de voir</u> » à partir de témoignages de parents qui se reprochent de n'avoir « pas su voir », d'avoir « vu trop tard » les problèmes de leurs enfants.

- Guy Janvier, chargé de mission à la Délégation Interministérielle à la famille a exposé les chantiers de la délégation, insistant plus particulièrement sur la mise en place du réseau d'écoute, d'appui et d'accompagnement des parents (circulaire du 9 mars 1999).

- Edith Godin, chargée de mission à l'association « La Pose » (Valenciennes), a rendu compte de l'étude réalisée sur « la place des pères dans la société aujourd'hui », auprès d'hommes accueillis en CHRS.

- Juliette Campagne a évoqué l'action « Lis avec moi », qui cherche à associer les parents aux pratiques des lectrices.

- Françoise Dekeuwer-Defossez a présenté les éléments de la réforme parlementaire du droit de la famille, sur la base de son rapport à Madame la Garde des Sceaux, Ministre de la Justice, intitulé : « Rénover le droit de la famille : propositions pour un droit adapté aux réalités et aux aspirations de notre temps » (septembre 1999).

- Nathalie Nisolle, chercheuse au CERIS (Centre de Recherche et d'Innovation en Socio-Pédagogie Familiale et Scolaire), Université de Mons (Belgique), a évoqué, parmi les activités du Centre de recherche, les interventions relatives à l'éducation familiale.

- Marie-Pierre Mackiewicz, Maître de Conférences à l'IUFM de Douai, a présenté ses travaux sur la parentalité et, plus précisément, sur la coopération entre parents et professionnels en pouponnière, et sur le soutien associatif à la paternité.

- Dernier film conçu par le Groupe Prévention-Action de l'ARPEJ : « Contrejour ». A partir des propos d'une mère, d'une sœur, et de deux anciens consommateurs de drogues, ce film témoigne de cheminements longs et difficiles.

- Laurent Mucchielli, historien et sociologue, a mis en perspective la question des délinquances et l'état actuel du débat public.

- Paul Durning, Professeur en Sciences de l'Education a développé les notions de parentalité et de parentage, et proposé un appui méthodologique à la mise en œuvre des relations entre parents et professionnels.

Table des matières

En guise d'introduction 7

Première partie
Le dispositif de recherche

I - Le groupe technique 21
II - L'enquête auprès des parents et des jeunes 22
III - L'enquête auprès des professionnels 27

Deuxième partie
Tableaux de famille d'hier et d'aujourd'hui

I - Le concept de parentalité 33
   1 - La parentalité comme fonction 35
   2 - Les déclinaisons de la parentalité 36
II - Les mutations effectives de la famille 38
   1 - Quelques données générales 38
     1-1 Le mariage 39
     1-2 Le divorce 40
     1-3 La fécondité 41
   2 - Quelques évolutions des structures familiales 44
     2-1 La taille des ménages 44
     2-2 Les compositions familiales 44
   3 - Le contexte socio-économique 46
     3-1 La scolarité et la formation 46
     3-2 Le chômage 47
III- Les discours sur les mutations de la famille 49
   1 - Un passé à regretter ? 49
   2 - Un présent à combattre ? 51
   3 - Une dynamique positive 53

Troisième partie
Le point de vue des parents et des jeunes

I - « Etre parent aujourd'hui » 59
    1 - Ce qui leur tient à cœur 59
    2 - Ce qu'ils redoutent 64
II- Le regard des jeunes 71
    1 - Ce qu'ils attendent de leurs parents 71
    2 - Le parent qu'ils aimeraient être 76
III - Parents et jeunes : regards croisés sur
l'éducation 83
    1 - Les incidences de la composition familiale
    sur l'enfant 83
    2 - Les échanges dans la famille 91
    3 - La réussite scolaire et l'insertion sociale 97
    4 - La responsabilité des parents 99
    5 - L'exercice de l'autorité 102
    6 - La répartition des rôles homme – femme 108
    7 - A propos de la sexualité 111
    8 - L'aide aux parents et aux enfants 112

Quatrième partie
Le point de vue des professionnels

I- Les droits et des devoirs des parents
et des enfants 123
    1- Quelques points de repères historiques 123
    2- Les droits et les devoirs des parents et
    des enfants vus par les professionnels 130
II- Un repérage des problèmes par les
professionnels interrogés 150
III- Sanctionner les familles en difficultés ? 160
    1- La sanction par l'argent 160
    2- La sanction par la contrainte ou la
    manifestation de force 160

3- Les mesures de réparation 161
4- Des interrogations sur le sens et la
portée des sanctions ....…..161
IV- L'aide aux parents 163
1- Une aide liée à un cadre d'exercice et à des
compétences professionnelles spécifiques 163
1-1 Les policiers....…...........................…....164
1-2 Les juges des enfants 165
1-3 Les enseignants ...…........................167
1-4 Les travailleurs sociaux …..................171
2- Une aide qui s'appuie sur des constantes 178
V- « Concept » flou et rêves tenaces 183
1- Le terme de « parentalité » ....….........183
2- Le « parent idéal » ...…......................188

Et pour conclure ... .193

Bibliographie 203

Annexes :
Les réseaux d'écoute, d'appui et
d'accompagnement des parents ....…...217
Liste des interventions programmées
par le groupe technique 219

645194 - Mars 2016
Achevé d'imprimer par